ANDRÉ AMARAL

Aquarela de Gêneros Musicais Brasileiros

ENSINO MUSICAL COM APRECIAÇÃO, PRÁTICAS E CRIAÇÃO EM DIFERENTES CONTEXTOS

Nº Cat.: 438-M

Irmãos Vitale Editores Ltda.
vitale.com.br
Rua Raposo Tavares, 85 São Paulo SP
CEP: 04704-110 editora@vitale.com.br Tel.: 11 5081-9499

© Copyright 2019 by Irmãos Vitale Editores Ltda. - São Paulo - Rio de Janeiro - Brasil.
Todos os direitos autorais reservados para todos os países. *All rights reserved.*

CIP-BRASIL. CATALOGAÇÃO NA PUBLICAÇÃO
SINDICATO NACIONAL DOS EDITORES DE LIVROS, RJ

A512a

    Amaral, André, 1976-
    Aquarela de gêneros musicais brasileiros / André Amaral. - 1. ed. - São Paulo : Irmãos Vitale, 2019.
    64 p. ; 31 cm.

    Inclui índice
    ISBN 978-85-7407-496-2

    1. Música - Instrução e estudo. 2. Música popular - Brasil. I. Título.

19-57831   CDD: 780.7
                                             CDU: 780.71

Meri Gleice Rodrigues de Souza - Bibliotecária CRB-7/6439

12/06/2019   19/06/2019

Projeto Gráfico, Diagramação e Capa: Danilo David

Ilustrações: André Amaral, João Marcos de Souza Cabral Pucinho e Danilo David

Fotos: André Amaral e Thiago Bouckhorny

Coordenação Editorial: Roberto Votta

Produção Executiva: Fernando Vitale

FICHA TÉCNICA DA GRAVAÇÃO DOS AUDIOS

Flauta doce/Piano/Regência: André Amaral

Percussão: Fabiano Salek

Acordeão: Rute Gomes

Vocal: Maria Accioly Dias

Técnico de Som:

    Paulo Guilherme Delourenci Toscano Costa – *Gravação, mixagem e edição*

    Daniel Fernandes Obino - *Gravação*

    Fernando Perazzo e André Amaral – *Mixagem e edição*

SUMÁRIO

INTRODUÇÃO **4**

1. A FLAUTA DOCE SOPRANO **6**
    Recomendações de uso e manutenção do instrumento 8
    Respiração 12
    Articulação 13
    Digitação do polegar 17

2. REPERTÓRIO **23**
    Gêneros musicais inspirados no cancioneiro popular brasileiro 24
        Marcha-Rancho 24
        Baião 27
        Samba Bossa Nova 32
        Frevo 35
        Afoxé 39
        Ciranda 43
        Coco 47
        Samba de Roda 51
        Embolada 54
        Choro 56

REFERÊNCIAS **58**

Anexo - Manossolfa 60

Apêndice III - Programação dos Audios 63
Apêndice IV – Cartões das Músicas Marcha Rancho, Baião E Afoxé 64

INTRODUÇÃO

Este livro tem fins pedagógicos e apresenta canções baseadas em diversos gêneros musicais brasileiros, arranjadas para piano, cifragem alfabética, flauta doce soprano (adaptável para qualquer outro instrumento solista), voz, acordeão, alguns instrumentos de percussão simples e percussão corporal (palmas, batida do pé no chão, palmada na coxa, estalo dos dedos entre outros). A proposta de utilização do material didático está inspirada em procedimentos pedagógicos de Villa-Lobos (como o manossolfa), Gazzi de Sá (canto pelos graus da escala) e Orff (com a utilização do corpo como percussão), além disso, há o objetivo de acrescentar elementos expressivos na formação musical dos alunos.

A metodologia que nos inspirou para a elaboração deste material didático foi o modelo C(L)A(S)P (SWANWICK, 1979), no qual o progresso do aluno é alcançado principalmente por atividades de composição, apreciação musical e execução, permeados por literatura e técnica como atividades periféricas.

Integra o volume 1 um CD de áudio que possui três faixas para cada canção, todas contendo as linhas de piano; percussão: uma simples, para o aluno tocar a flauta ou cantar (playback); outra com a flauta doce e a terceira base com a voz como referência para o aprendizado da canção.

O acompanhamento do piano, que revela as características do gênero, pode ser fornecido pelo CD que complementa o livro ou simplesmente executado pelo professor. A proposta inicial é utilizar o CD para acompanhar as vozes do canto e da flauta doce, de modo que o aluno aprenda também por imitação, podendo o professor abordar a leitura da notação musical no momento em que julgar oportuno. A melodia do canto/ flauta não necessariamente representa as características do gênero proposto, porque o objetivo principal é trabalhar a flauta doce e este instrumento possui limites de tessitura e algumas tonalidades cujas alterações são muito complexas de afinar.

O livro do aluno contém o CD, algumas orientações para utilização do material, a contextualização dos gêneros e a partitura da flauta, percussão e a cifragem alfabética. O livro do professor contém o CD, algumas orientações pedagógicas, a contextualização dos gêneros e a partitura completa (da flauta; da percussão; do acompanhamento do piano; da cifragem alfabética para o violão e o acordeão). O material didático é indicado para qualquer professor, estudante de música ou aluno de escola regular, para escolas de música, além de outros espaços que promovam a música (corais, grupos de teatro, etc).

Caso o estudante queira fazer um estudo por conta própria, sugerimos que utilize o livro do professor porque este vem com mais informações. Caso use somente o livro do aluno sugerimos o acompanhamento de um professor que tenha acesso do livro do professor.

Para a criação das melodias cujas composições são próprias levou-se em consideração a tessitura da flauta doce soprano, bem como uma extensão vocal confortável para os alunos do Ensino Fundamental I e II. A fim de fundamentar a proposta, foi realizada a experimentação das composições com alunos destes dois segmentos, nas redes pública e privada.

As canções escolhidas nem sempre são simples, pois além de diferentes tonalidades, envolvem muitas alterações, intervalos simples e compostos, escalas maiores, menores, estruturas modais e fraseados musicais irregulares. Os gêneros musicais foram inspirados em músicas do cancioneiro popular brasileiro, o que torna as melodias de pronta assimilação. A proposta é que, através do canto, o aluno memorize as melodias das canções pela letra, pelos graus da escala, e pelos nomes das notas, partindo em seguida para a execução na flauta doce ou em qualquer outro instrumento solista; além disso, as aulas podem ser enriquecidas com a contextualização dos elementos históricos e musicais presentes na obra.

Apesar de os instrumentos de percussão propostos em algumas canções estarem gravados no CD, esses podem ser tocados com os alunos por imitação e o professor também pode substituir os instrumentos sugeridos por outros, em função da disponibilidade. Pode-se ainda fazer a substituição dos instrumentos de percussão por percussão corporal.

1 A FLAUTA DOCE SOPRANO

Extensão da flauta doce soprano escrita na oitava real (as notas de fato soam nesta altura conforme figura 1 abaixo):

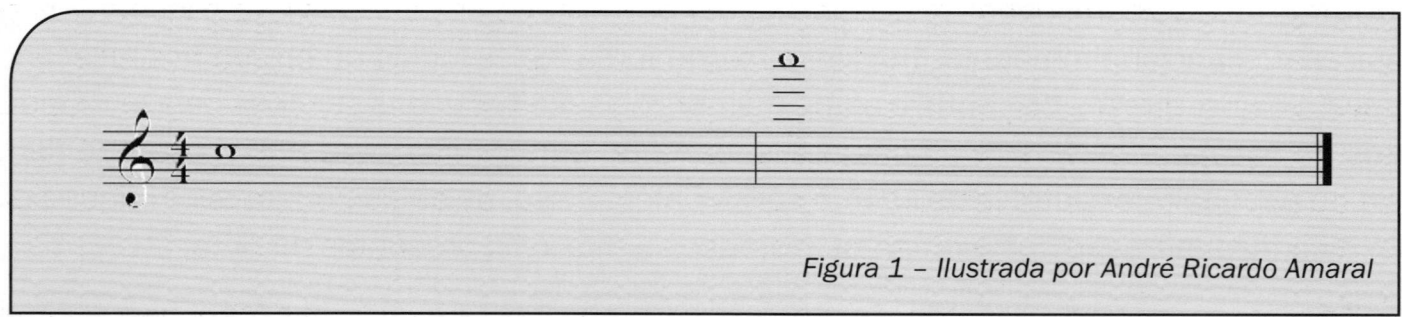

Figura 1 – Ilustrada por André Ricardo Amaral

Extensão da flauta doce soprano escrita uma oitava abaixo (para facilitar a leitura conforme figura 2 abaixo):

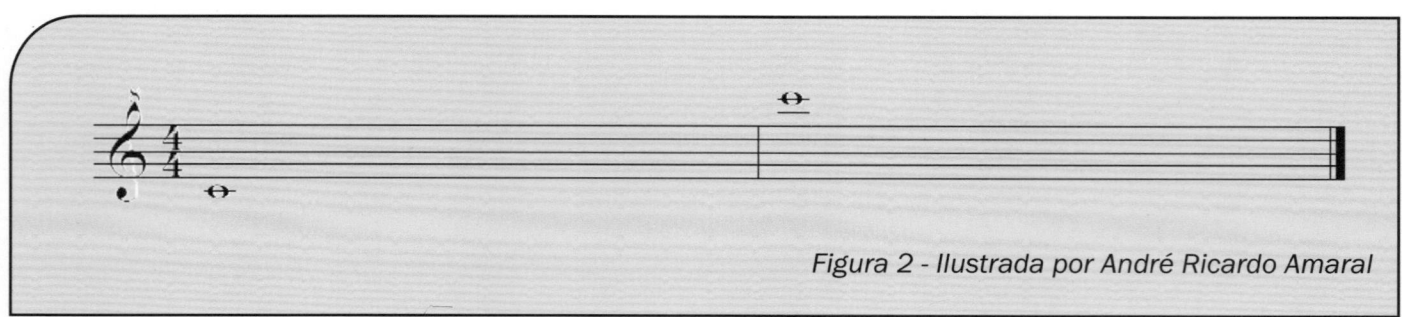

Figura 2 - Ilustrada por André Ricardo Amaral

A digitação da flauta doce soprano chamada barroca ou inglesa é diferente da flauta doce soprano chamada germânica, portanto, é necessário identificar o modelo de instrumento. Seria ideal que todos, professor e alunos, dispusessem do mesmo tipo de flauta para facilitar o aprendizado em grupo.

Modelo barroco - modelo inglês (ver figura 3)

- A nota Fá acarreta dedilhado em forquilha;
- As notas Fá♯ e Sol♯ têm dedilhado mais simples; e
- A flauta barroca apresenta timbre mais aveludado e sonoridade mais equilibrada do que a germânica. Principalmente, sua afinação é muito mais precisa.

A flauta barroca é copiada dos instrumentos do século XVIII, utilizando a digitação original; no entanto, hoje em dia, algumas flautas doces barrocas destinadas a principiantes apresentam em sua parte posterior um "8", um "E" ou um "B" indicando qual o seu modelo de digitação.

Modelo germânico - Modelo alemão (ver figura 4)

- A nota Fá é produzida com um dedilhado simplificado;
- as notas Fá♯ e Sol♯ e outras notas alteradas apresentam dedilhado mais complexo.
- apresenta falta de equilíbrio na afinação, principalmente na segunda oitava; e
- em decorrência da mudança no formato dos furos, verificamos baixa qualidade de som.

As flautas doces germânicas, geralmente apresentam, na parte posterior, um "G" ou um "A" indicando que sua digitação é a adequada a este modelo. Podemos observar na figura 4 a diferença de tamanho nos furos 4 e 5 nos sistemas Germânico e Barroco.

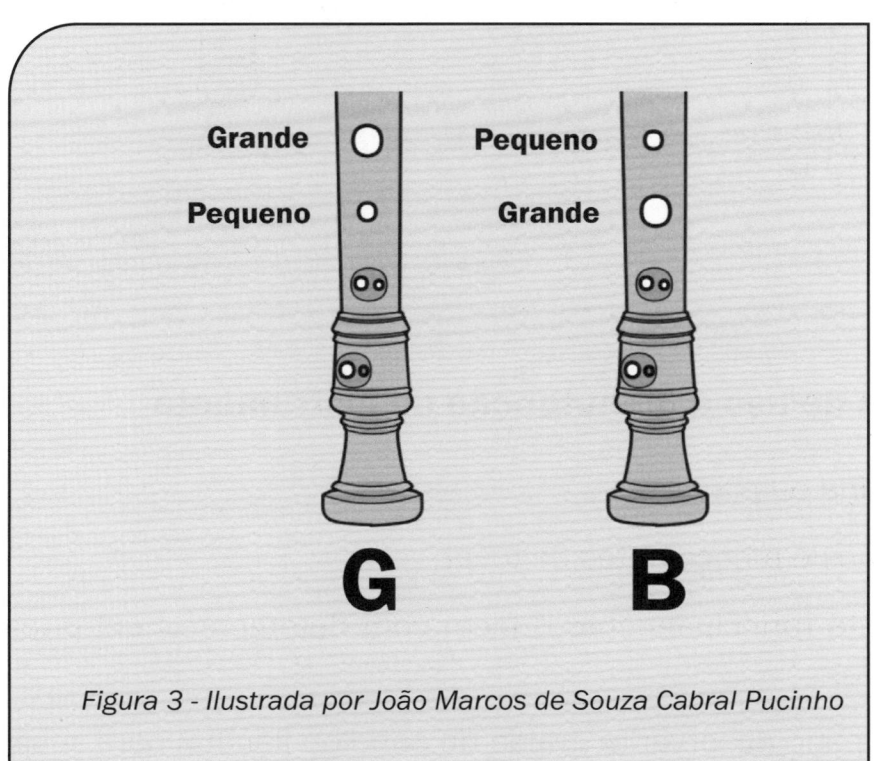

Figura 3 - Ilustrada por João Marcos de Souza Cabral Pucinho

Aguilar (2018, p. 9) afirma que precisamos mudar essa cultura de utilização da flauta germânica, pois tal prática está disseminando um instrumento desafinado, que apresenta baixa qualidade sonora e que erroneamente é o mais indicado para estudantes iniciantes.

A figura 4 demonstra um corte da flauta doce soprano, denominando suas partes e os respectivos números dos furos e quais os dedos que articulam cada um deles.

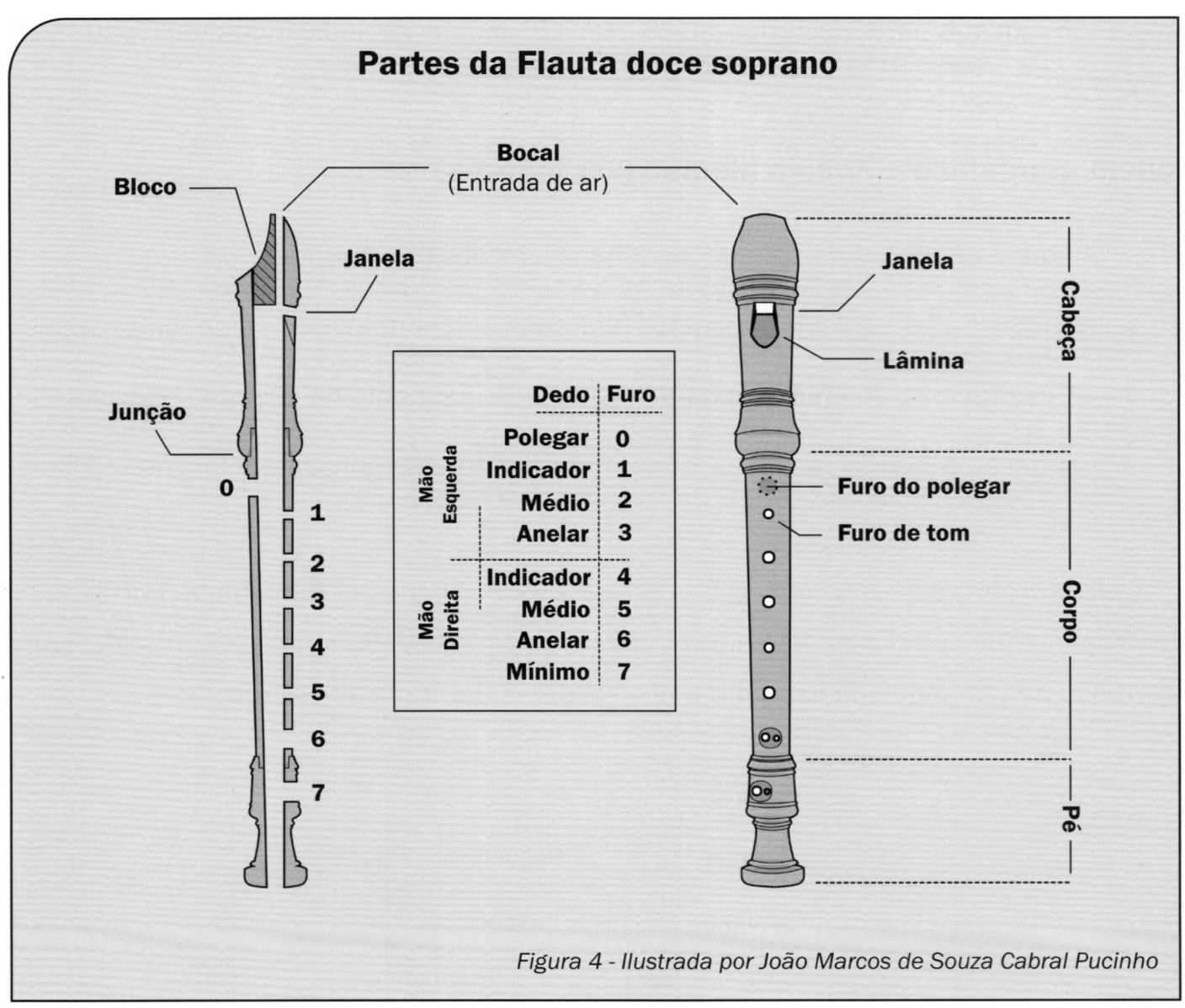

Figura 4 - Ilustrada por João Marcos de Souza Cabral Pucinho

Recomendações de uso e manutenção do instrumento

Flautas de resina ou plástico:

- lavar as mãos e a boca antes de tocar;
- lavar a flauta (principalmente o bico) com detergente neutro, caso outra pessoa a tenha usado;
- utilizar um pano absorvente (fralda de pano ou flanela) para secá-la após o uso;
- utilizar o creme que acompanha a flauta para lubrificar os encaixes, caso estes estejam duros. Não é recomendada vaselina convencional, pois pode danificar a resina, visto que a vaselina é à base de petróleo; e
- guardar a flauta sempre dentro do estojo, em local seco e fora do alcance do sol. Apesar de a resina ser resistente, é importante tentar evitar que a flauta caia no chão. O instrumento pode se quebrar ou se danificar.

Flautas de madeira:

> Não se deve lavar a flauta de madeira, apenas utilizar um pano seco para limpá-la por dentro e outro para limpá-la por fora;

> a flauta é um instrumento pessoal e deve-se evitar emprestá-la, por questões de higiene e saúde; e

> utilizar um saquinho de sílica gel (pode ser daqueles que vêm nos vidros de remédios) para absorver a umidade dentro do estojo.

As figuras 5, 6A, 6B e 6C, demonstram a postura ao tocar de pé, sentado e a forma correta de segurar a flauta doce soprano. O ideal é manter as bochechas relaxadas, posicionar o bocal suavemente entre os lábios apoiando levemente sobre o lábio inferior, manter os braços ligeiramente afastados do corpo. Ao tocar sentado, manter a coluna ereta sem apoiar as costas no encosto da cadeira e apoiar os dois pés nos chão.

Postura (ver figura 5) e forma correta de segurar a flauta (ver figuras 6A, 6B e 6C)

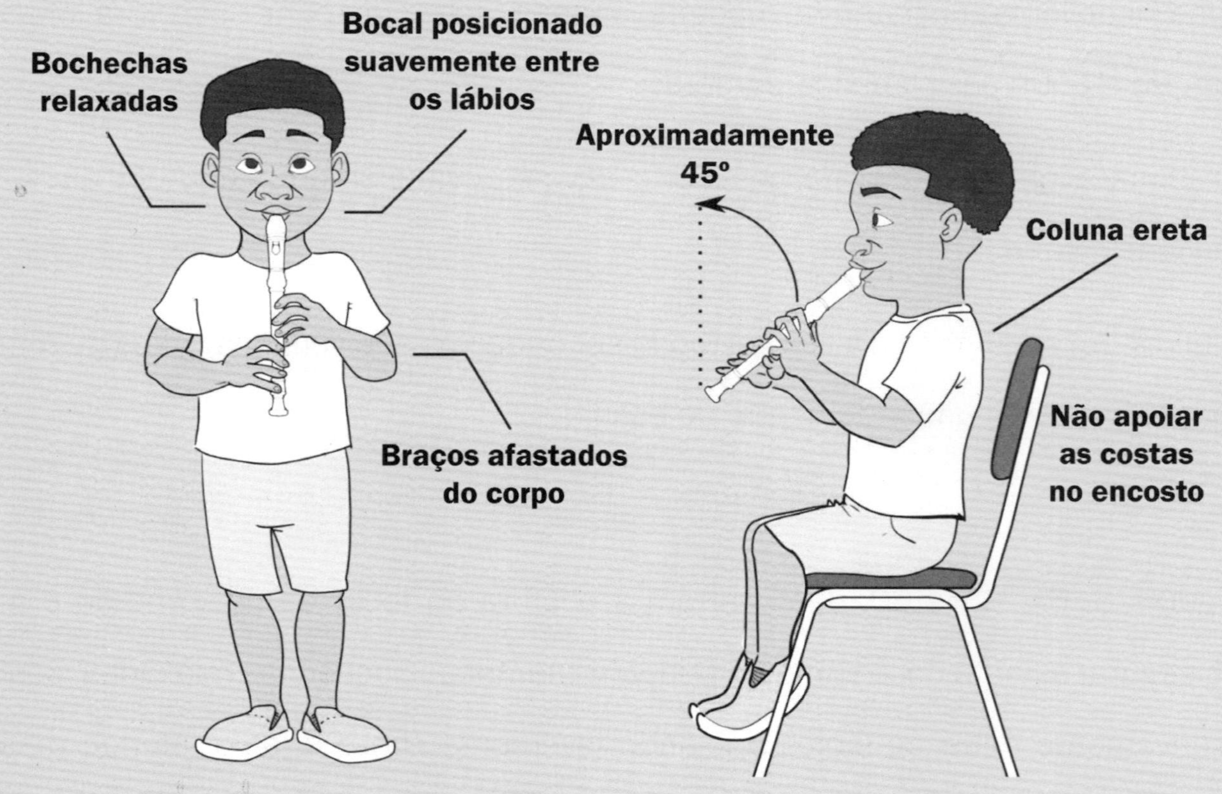

- Bochechas relaxadas
- Bocal posicionado suavemente entre os lábios
- Braços afastados do corpo
- Aproximadamente 45°
- Coluna ereta
- Não apoiar as costas no encosto

Figura 5- Ilustrada por João Marcos de Souza Cabral Pucinho

Pressione naturalmente, para mover o dedo com facilidade

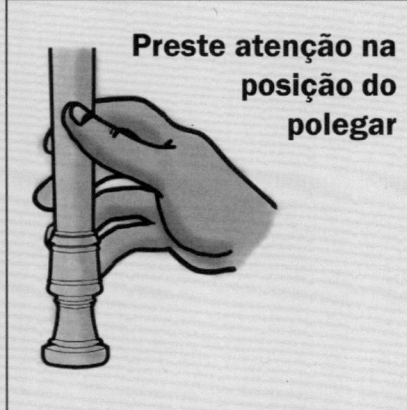

Preste atenção na posição do polegar

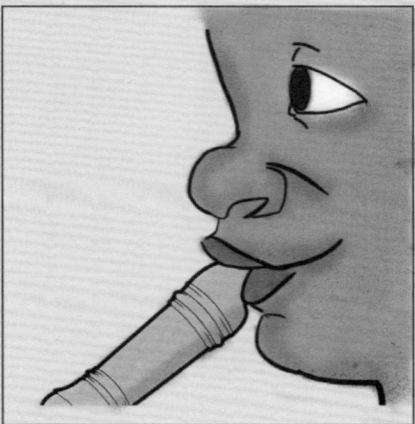

Figuras 6A, 6B e 6C – Ilustradas por João Marcos de Souza Cabral Pucinho, a pedido do autor, com base em exemplos do método Sopro Novo da Yamaha (2006, p. 9).

Posição dos dedos na flauta doce soprano aliada à maneira correta de segurá-la

Figura 7 – Foto de André Ricardo Amaral

Respiração

Tanto o canto quanto a produção dos sons com a flauta doce dependem da respiração e da pressão do ar. Apesar da facilidade de se produzir o som na flauta doce, é necessária uma conscientização da respiração para obter um som de qualidade, portanto, são indispensáveis exercícios para aprimorar o controle da pressão do ar.

Exercícios:

- **Exercício 1** - Inspirar pela boca com sensação do bocejo abrindo espaço (pensar a tomada de ar não como um esforço, mas sim como um relaxamento da musculatura). Ao inspirar, deve-se sentir uma leve pressão na região das costas, abaixo da região posterior das costelas. Evitar levantar os ombros (PACHECO/BAÊ, 2006, p. 20).

- **Exercício 2** - Inspirar pela boca e soltar o ar realizando um suspiro na região vocal mais aguda como se fosse um glissando descendente usando Ahhhhh. O exercício visa experimentar uma ressonância mais aguda.

- **Exercício 3** - Bocejar e sentir o ar gelado passando pela boca e pelas narinas com a sensação de que o mesmo alcança atrás na nuca, passando as mãos no rosto para sentir o relaxamento do maxilar.

- **Exercício 4** - Experimentar uma tosse bem leve, ou imitar a respiração do cachorro com a língua para fora. Nosso objetivo é experimentar a sensação de movimentação dos músculos que participam do apoio à coluna de ar durante a expiração no momento do canto. Segundo Pacheco/Baê (2006, p. 20), além do diafragma que com seu abaixamento permite a entrada de ar nos pulmões, os músculos da cinta abdominal como o reto abdominal, o oblíquo interno e externo, e o transverso do abdômen participam do apoio à coluna de ar durante o canto. Também entram em funcionamento, os presentes na musculatura torácica superior como o diafragma e intercostais, internos e externos e os presentes na musculatura torácica inferior como o quadrado lombar, oblíquos e ilíaco.

- **Exercício 5** - Após inspirar, realizamos exercícios de respiração, trabalhando o staccato e o legato (ver definição nas páginas 12), que serão úteis para o canto e para a execução da flauta doce.

    - *Staccato* - Expire todo o ar, após alguns segundos inspire expandindo toda a musculatura torácica e abdominal (colocar as mãos levemente nas costelas para sentir as mesmas se expandindo). Neste exercício iremos soltar o som de uma só vez ou em várias vezes, usando um S/S/S/S, X/X/X/X, F/F/F/F ou J/J/J/J. O objetivo é tonificar a musculatura abdominal.

- *Legato* – Expire todo o ar, após alguns segundos inspire expandindo toda a musculatura torácica e abdominal (colocar as mãos levemente nas costelas para sentir as mesmas se expandindo). Soltar o ar com um SSSS, XXXX ou FFFF longo, contando até 15, 20 ou 25. O objetivo neste momento é automatizar a inspiração e a expiração.

- Ainda no legato, fazer uma vibração com os lábios e a língua com os sons PRRRR ou BRRRR numa nota aguda. Além de ser um eficaz exercício para a respiração é um exercício que começa a aquecer a voz para o canto.

➢ **Exercício 6 –** Uma sugestão de exercício, mais específico para a execução da flauta é expirar e soprar bolinhas de sabão (em lojas de brinquedos encontramos vários tipos de brinquedos de bolinha de sabão). Nesse exercício, os alunos se divertem ao trabalhar a articulação e a respiração. O objetivo é associar o sopro das bolinhas ao sopro da flauta. Outra sugestão é soprar o ritmo da música usando a articulação "Tu" num pedaço de tecido bem leve de modo que o pano não se levante tanto. Se o tecido não levantar muito é sinal de que estamos soltando pouco ar para obter um som mais leve na flauta e se levantar muito o contrario, um som mais forte (trabalha o controle do ar obtendo um som mais leve ou mais forte). Esse exercício é interessante também para trabalhar a articulação da língua, que falaremos a seguir.

Articulação

A articulação (uso da língua) é um pouco mais complexa de ensinar e de aprender, pois os mecanismos que produzem as diversas articulações, por se darem dentro da boca, são invisíveis. A língua é a responsável por produzir e parar o som em todos os instrumentos de sopro.

Um excelente exercício para ensinar a utilização da língua é soprar enquanto se pronuncia as sílabas "Tu-tu-tu" sobre a parte superior da mão de modo a sentir o efeito do ar na pele. Devem-se evitar as sílabas "Hu-hu-hu". As sílabas mais adequadas ao ataque das notas na flauta são as que produzem um fluxo de ar fresco. Aquelas que produzem ar quente não são apropriadas.

A técnica de articulação da flauta doce engloba dois tipos de articulação: a simples e a dupla. Na articulação simples (ver figura 8), a língua faz um movimento completo para apenas uma consoante, T, D ou R. Na dupla (ver figura 9), a língua faz uma combinação de uma consoante simples T, D e R com uma (ou mais) gutural como K e G. O método Suzuki (1997, p. 13-15) desde o primeiro volume, utiliza a articulação dupla combinando as consoantes T, D e R.

O *Staccato*, representado por um ponto colocado abaixo ou acima de uma nota, também pode ser chamado de ponto de diminuição e possui a função de dividir o valor de uma figura musical em som e silêncio de mesma duração. O ponto indica que os sons são articulados e secos.

O Legato é representado por uma linha curva posicionada abaixo ou acima de um grupo de notas, indicando que em todo o trecho onde estiver a ligadura você deverá tocar as notas bem ligadas, segurando uma até o início da outra (ou seja, sem interrupção dos sons). Em alguns casos não aparece a ligadura, mas vem indicado o nome Legato posicionado também abaixo ou acima das notas.

(CARDOSO, MASCARENHAS, 1973, p. 35).

O *Non-legato* (articulado com tu – ver figura 8) é exatamente o oposto do *Legato*, sendo representado pelo sinal (^) abaixo ou acima da nota, indica que cada nota deve soar separadamente uma da outra, ou seja, deve haver silêncio entre uma nota e outra.

O *Portato* (articulado com du – ver figura 8), um tipo de Staccato, também conhecido como Staccato dolce, é indicado com um ponto junto com um traço abaixo ou acima da nota (.) e mostra que o músico deve tocar três quartos da duração do som, substituindo o um quarto restante por uma pausa.

Proposta de articulação simples

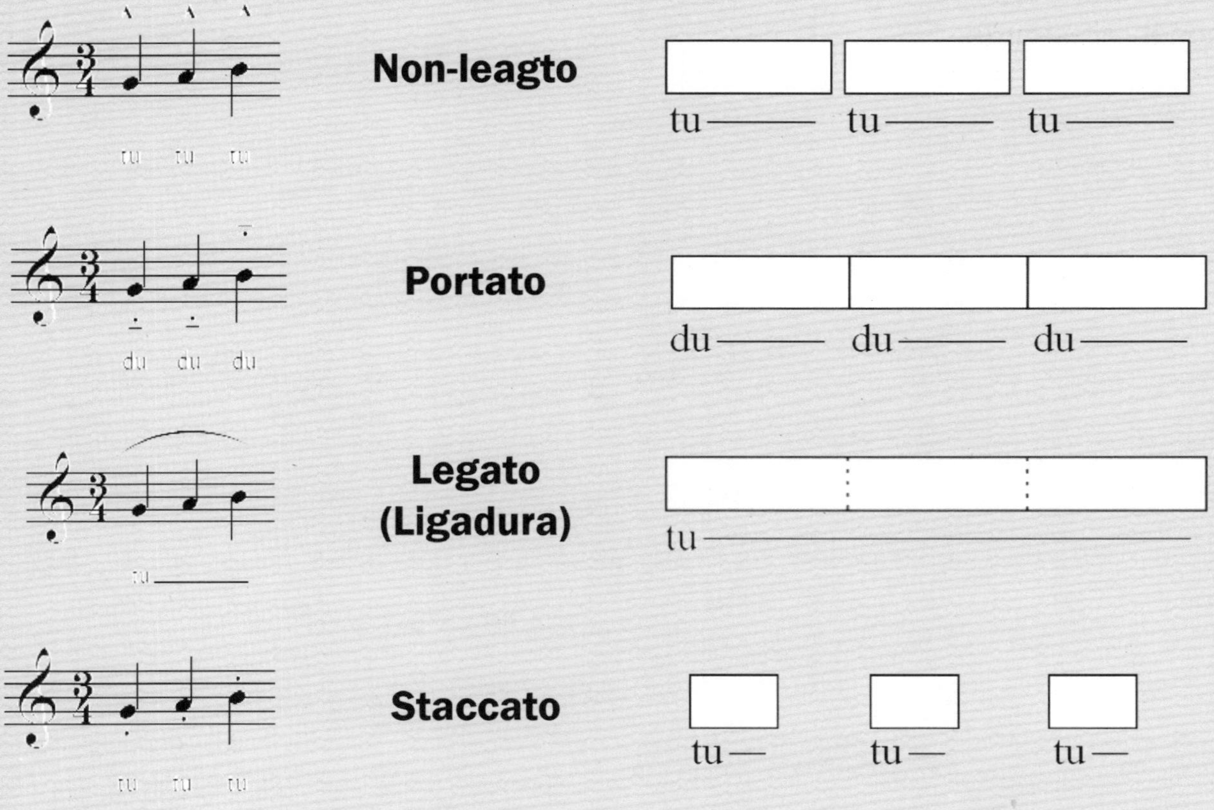

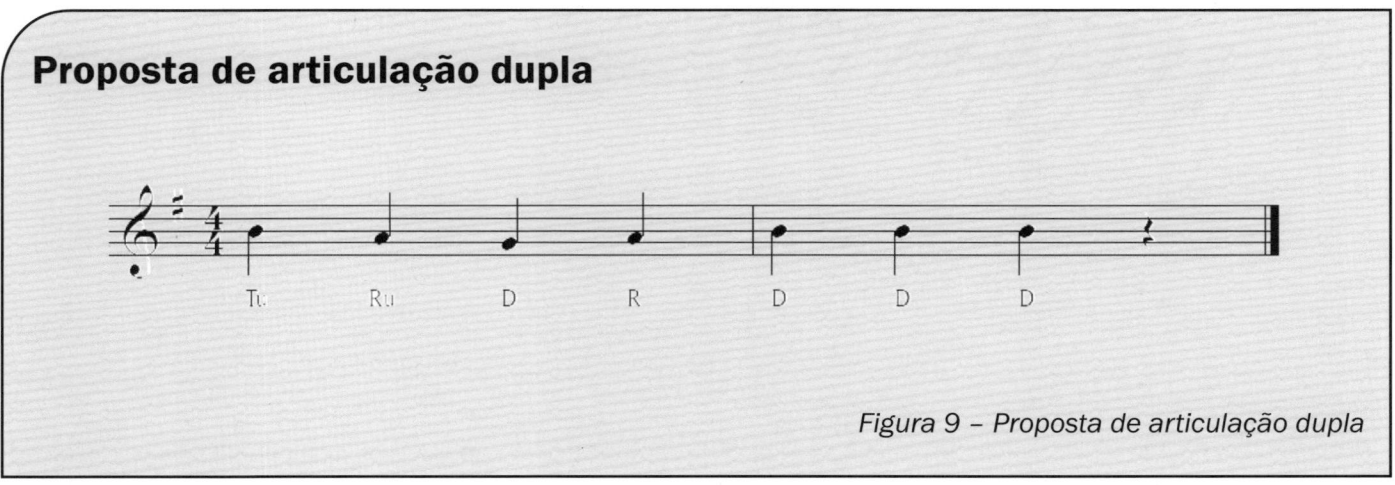

Figura 8 – Ilustrada por João Marcos de Souza Cabral Pucinho, a pedido do autor, com base em exemplos do método Sopro Novo da Yamaha (2006, p. 10)

Proposta de articulação dupla

Figura 9 – Proposta de articulação dupla

Embora citadas, as articulações acima, no repertório do presente livro não especificamos que tipo de articulação usar. Optamos por não colocá-las na partitura, pois a mesma já apresenta muitas informações (letra da música, graus da escala, entre outras). Sugerimos que as canções sejam executadas inicialmente com a articulação sugerida nos áudios e que no momento desejado o professor e o aluno experimentem outras articulações. No nosso trabalho desde a primeira canção experimentamos diferentes articulações por imitação mesmo em pequenos trechos da música. Normalmente os alunos executam a nova articulação com muita tranquilidade, pois já estão muito seguras na execução da música. Eles se sentem desafiados a tocar a música de forma diferente e podem opinar sobre qual articulação é mais ou menos interessante.

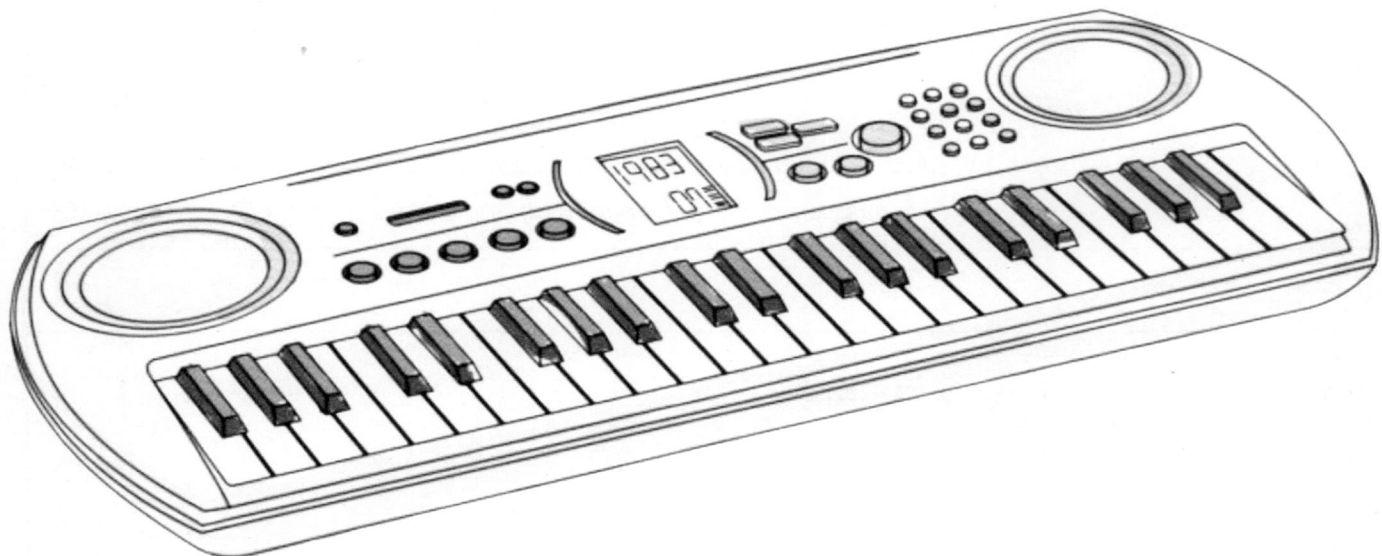

Digitação do polegar

Para executar notas agudas como o mi da segunda oitava, por exemplo, é necessário dobrar o polegar esquerdo e tapar o orifício posterior da flauta com a unha. O orifício deve estar quase totalmente coberto, permitindo apenas uma pequena abertura. Se o furo permanecer muito aberto, o som das notas agudas não será satisfatório (ver figura 10).

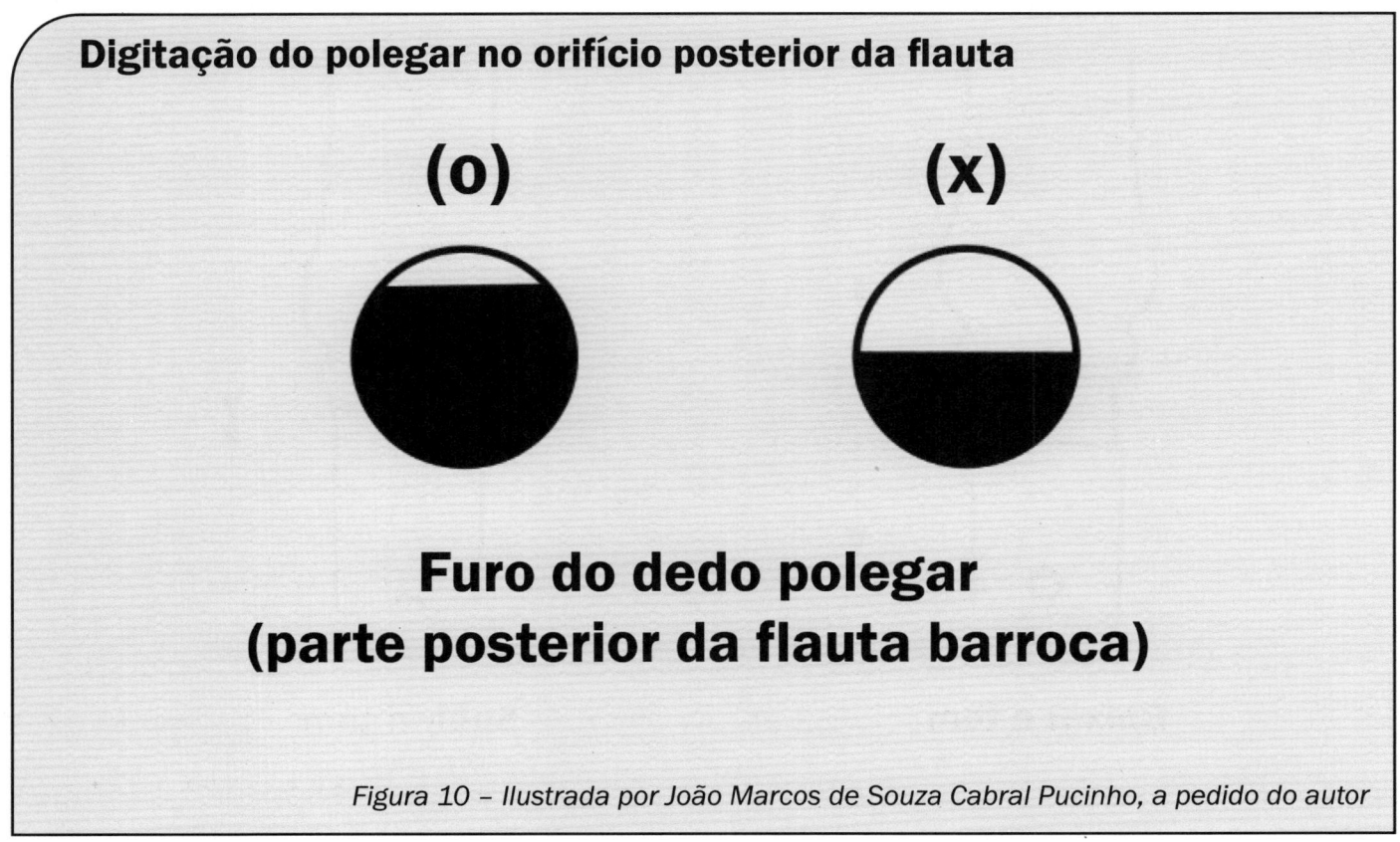

Figura 10 – Ilustrada por João Marcos de Souza Cabral Pucinho, a pedido do autor

O movimento com a unha do polegar para permitir que o orifício fique ligeiramente aberto assemelha-se ao movimento que realizamos para tirar uma fita ou etiqueta adesiva, ou seja, dobra-se a primeira falange do polegar (ver figura 11).

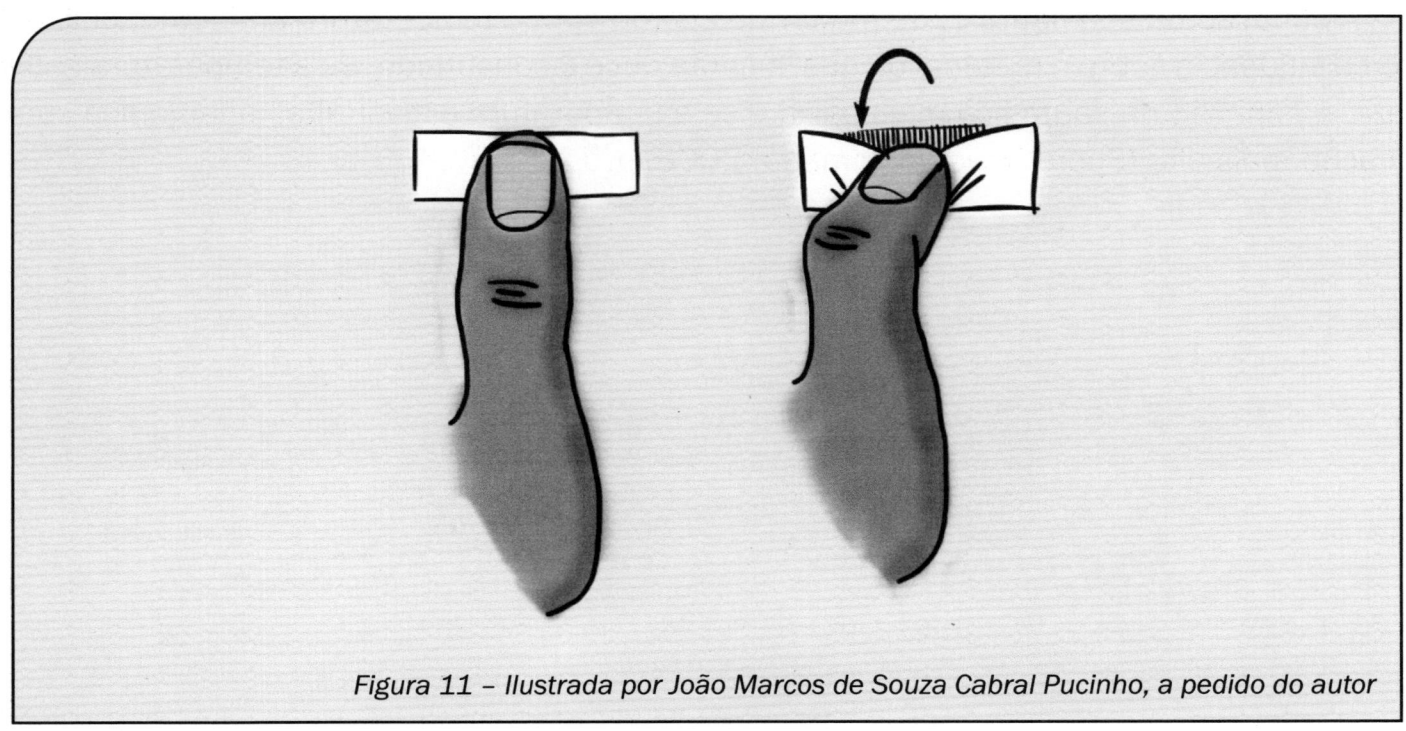

Figura 11 – Ilustrada por João Marcos de Souza Cabral Pucinho, a pedido do autor

Afinação da flauta doce

Para afinar a flauta doce, basta puxar ou empurrar a junção superior da mesma para baixo ou subir o tom, sempre com movimentos giratórios para não forçar a junta de encaixe (ver figura 12).

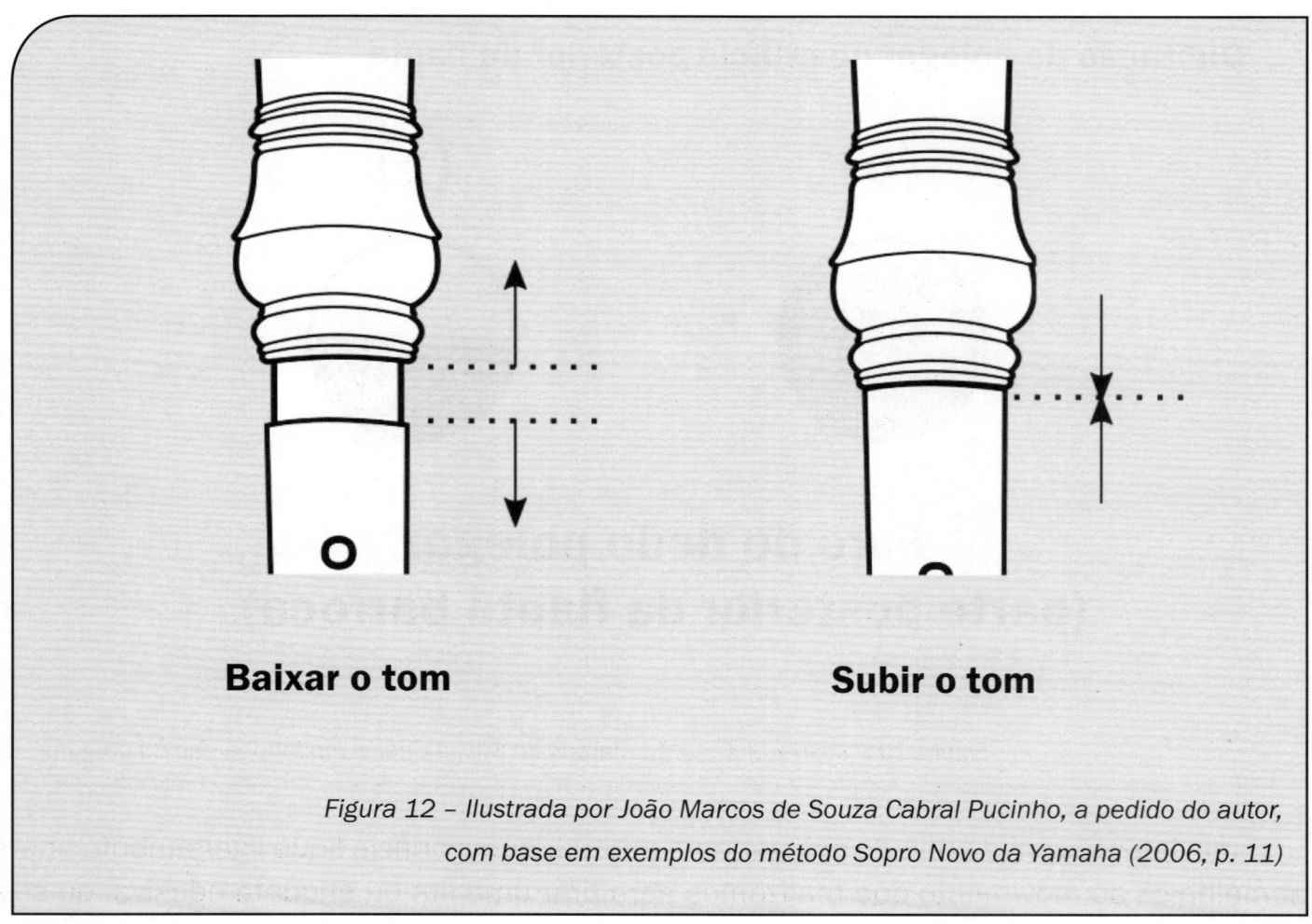

Figura 12 – Ilustrada por João Marcos de Souza Cabral Pucinho, a pedido do autor, com base em exemplos do método Sopro Novo da Yamaha (2006, p. 11)

A afinação da sua flauta pode mudar de acordo com a temperatura ambiente, pois esta exerce influência sobre o material do qual a flauta doce é constituída. Se a temperatura estiver baixa, a afinação da flauta fica mais baixa e se a temperatura estiver alta, a flauta fica com a afinação mais alta (Sopro Novo da Yamaha, 2006, p. 12).

Notas da flauta doce soprano na clave de sol relacionadas com as notas do piano (ver figura 13).

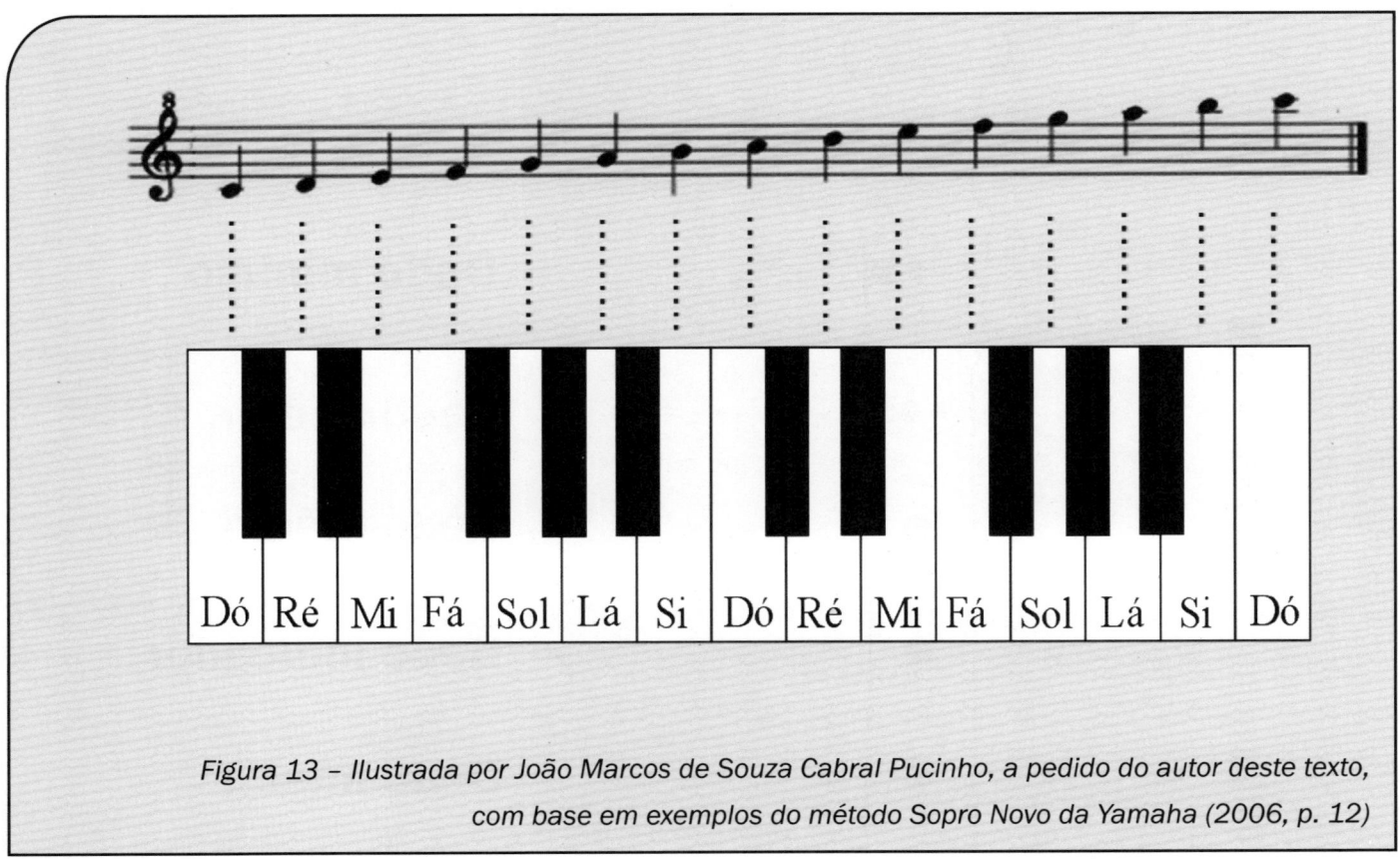

Figura 13 – Ilustrada por João Marcos de Souza Cabral Pucinho, a pedido do autor deste texto, com base em exemplos do método Sopro Novo da Yamaha (2006, p. 12)

Posição das mãos e dos dedos na flauta doce soprano *(ver figura 14)*

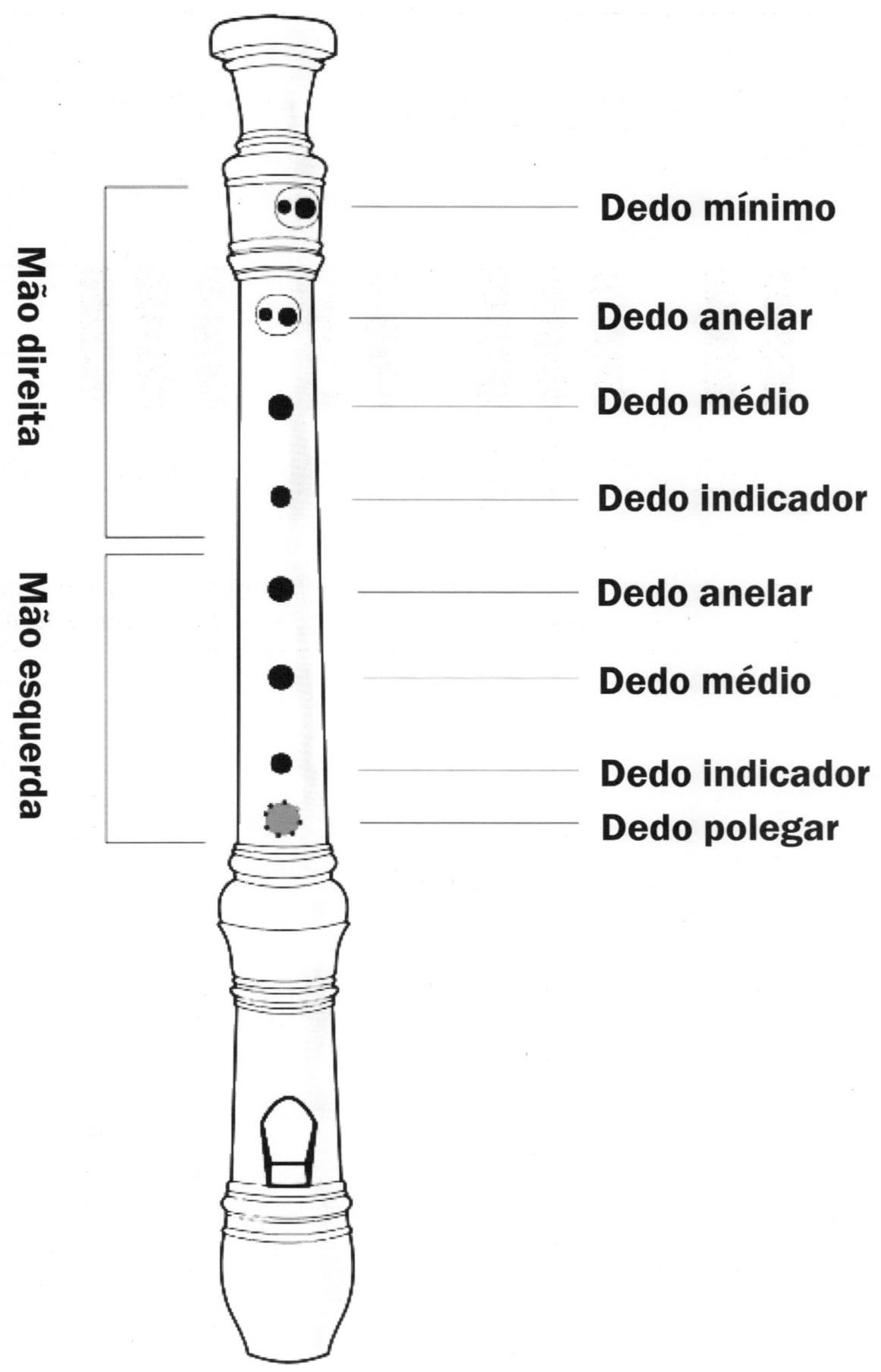

Figura 14 - Ilustrada por João Marcos de Souza Cabral Pucinho

Tabela de digitação para a flauta doce soprano (ver figura 15)

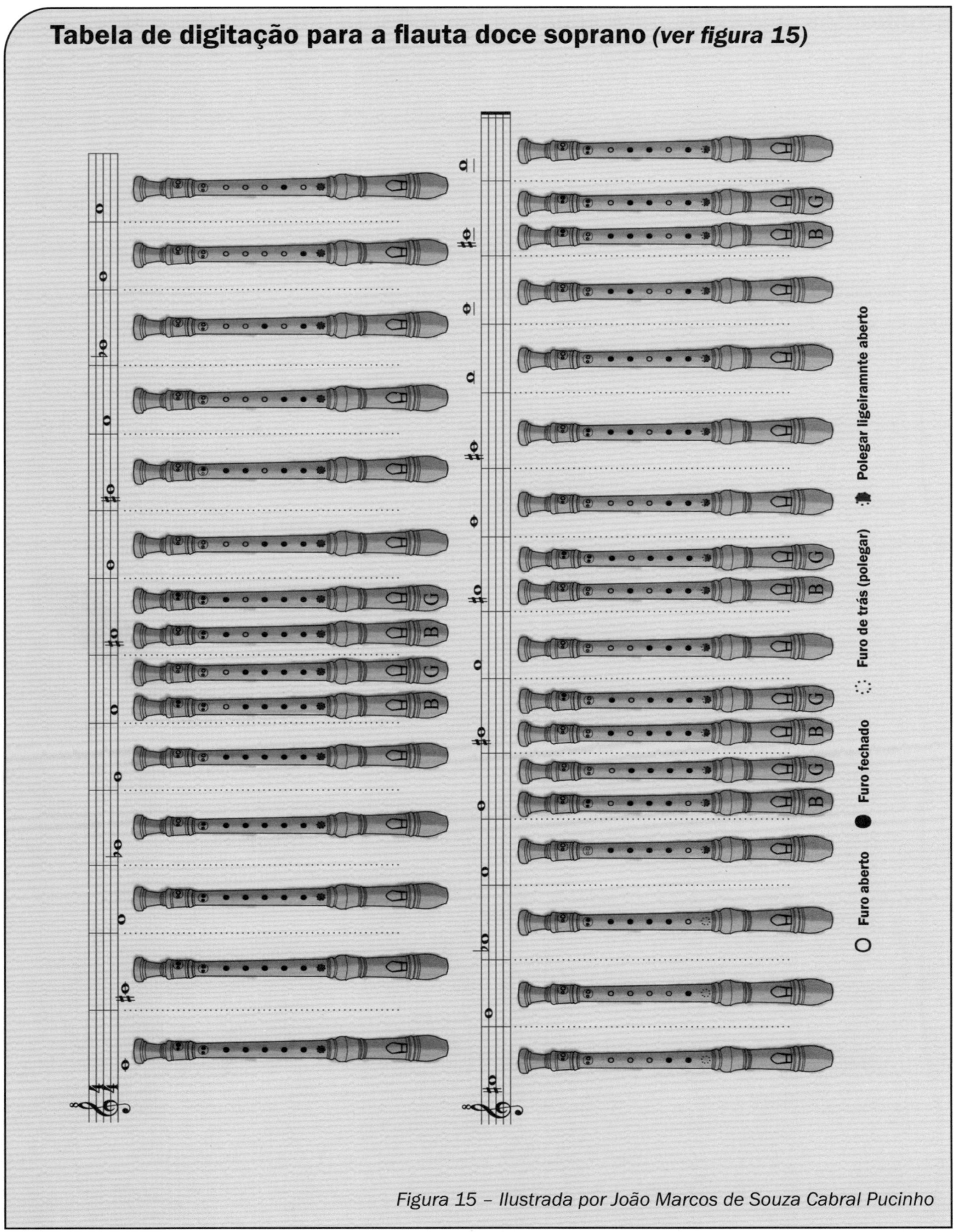

Figura 15 – Ilustrada por João Marcos de Souza Cabral Pucinho

Instrumentos sugeridos para acompanhar a flauta doce *(ver figura 16)*

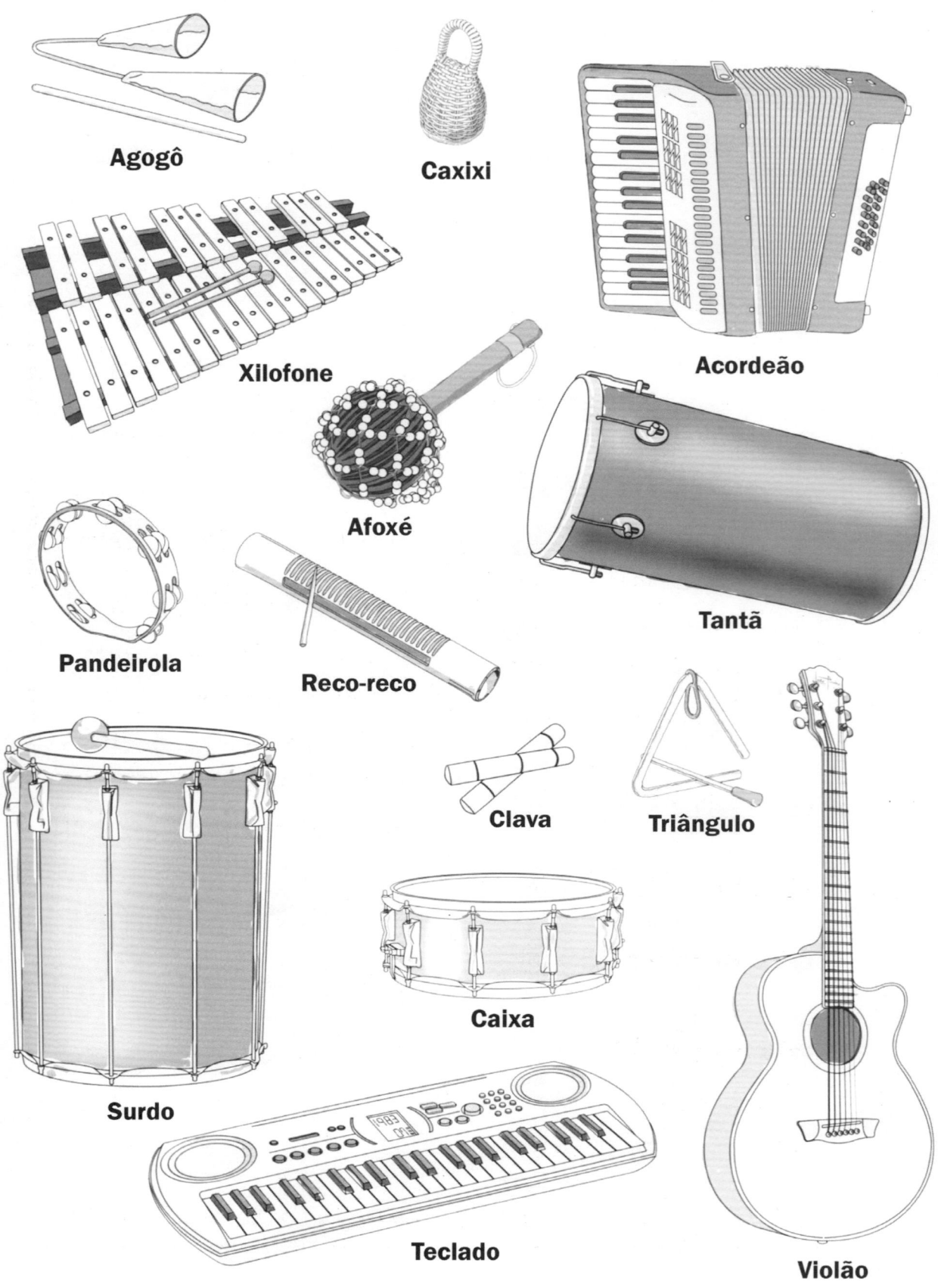

Figura 16 – Ilustrada por João Marcos de Souza Cabral Pucinho

2 REPERTÓRIO

No repertório, você será apresentado a gêneros musicais inspirados no cancioneiro popular brasileiro:

- Marcha rancho
- Baião
- Samba bossa
- Frevo
- Afoxé
- Ciranda
- Coco
- Samba de roda
- Embolada
- Choro

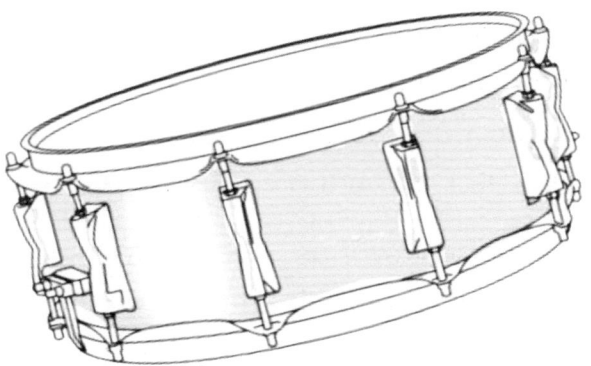

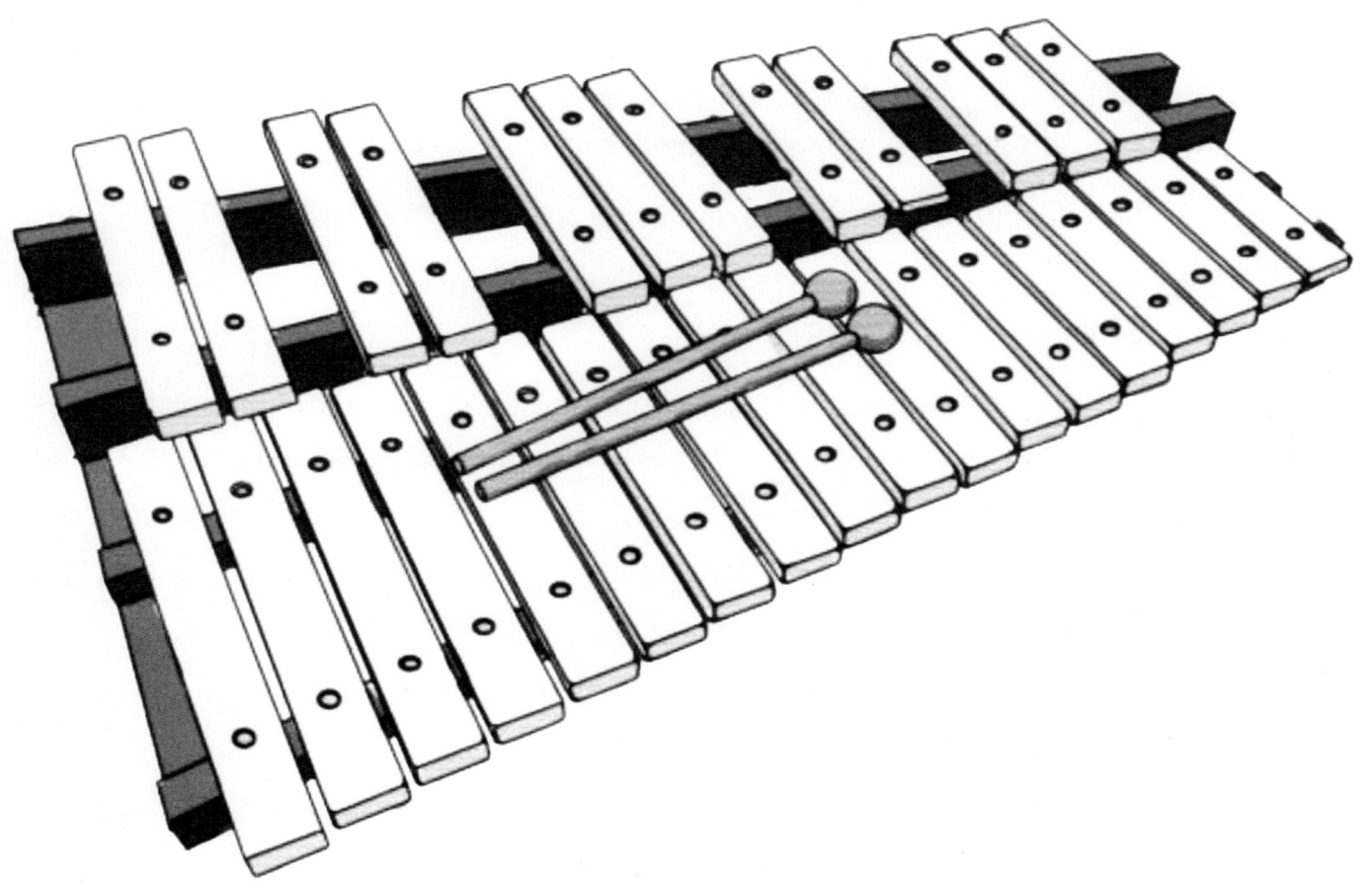

Gêneros musicais inspirados no cancioneiro popular brasileiro

Marcha-Rancho

A Marcha-rancho é um gênero da música popular que tem sua origem nos antigos carnavais, uma herança dos ranchos e de outros agrupamentos carnavalescos presentes em centros urbanos brasileiros. Enquanto o frevo é veloz e acelerado, a marcha-rancho é calma e cadenciada.

Inicialmente a marcha-rancho tinha melodia calma e bucólica, mas a partir da segunda década do século XX, passou a ter andamento mais acelerado devido à influência da música comercial norte-americana, sobretudo das jazz-bands. Tal variante "alegre e brejeira" é denominada de marchinha.

A marcha-rancho *Ó abre-alas* de Chiquinha Gonzaga (1847-1935) foi a primeira composição escrita para o cordão carnavalesco *Rosa de Ouro* (1899) e fez grande sucesso. Alencar, citado por Paz (2000, p. 76) afirma que, para se ter uma ideia do sucesso dessa canção, em 1901, ela era a cantiga preferida do povo carioca.

A canção *Pastorinhas*, composta por Carlos Alberto Ferreira Braga, conhecido como Braguinha e também por João de Barro (1907-2006) e pelo sambista e compositor Noel de Medeiros Rosa (1910-1937), foi inicialmente lançada em 1937 com o título Linda pequena, mas somente se tornou popular no carnaval carioca em, 1938 quando passou a ter o nome atual. Com a gravação de Sílvio Antônio Narciso de Figueiredo Caldas (1908-1998) recebeu o prêmio de primeiro lugar da Prefeitura do Distrito Federal.

A música *Bandeira Branca* composta, em 1970, por Max Newton Figueiredo Pereira Nunes (1922-2014) e Laércio Alves é considerada uma das mais belas poesias de amor desse gênero, emocionando até hoje muitos foliões em todo o Brasil.

Apresentamos abaixo algumas obras a serem apreciadas:

➢ *Ó abre-alas* de Chiquinha Gonzaga foi a primeira composição escrita para o cordão carnavalesco *Rosa de Ouro* (1899);

➢ A canção *Pastorinhas*, composta por Carlos Alberto Ferreira Braga, conhecido como Braguinha e também por João de Barro (1907-2006) e pelo sambista e compositor Noel de Medeiros Rosa (1910-1937);

➢ *A jardineira*, de Benedito Lacerda (1903-1958) e Humberto Porto (1908-1943), gravada por Orlando Garcia da Silva (1915-1978) em 1939;

➢ *Mal-me-quer*, de Newton Carlos Teixeira (1916-1990) e Cristovão de Alencar, que foi gravada por Orlando Silva (1915-1978) em 1940; e

➢ *Bandeira Branca*, composta em 1970, por Max Newton Figueiredo Pereira Nunes (1922-2014) e Laércio Alves.

Marcha Rancho

Flauta/Piano

André Amaral

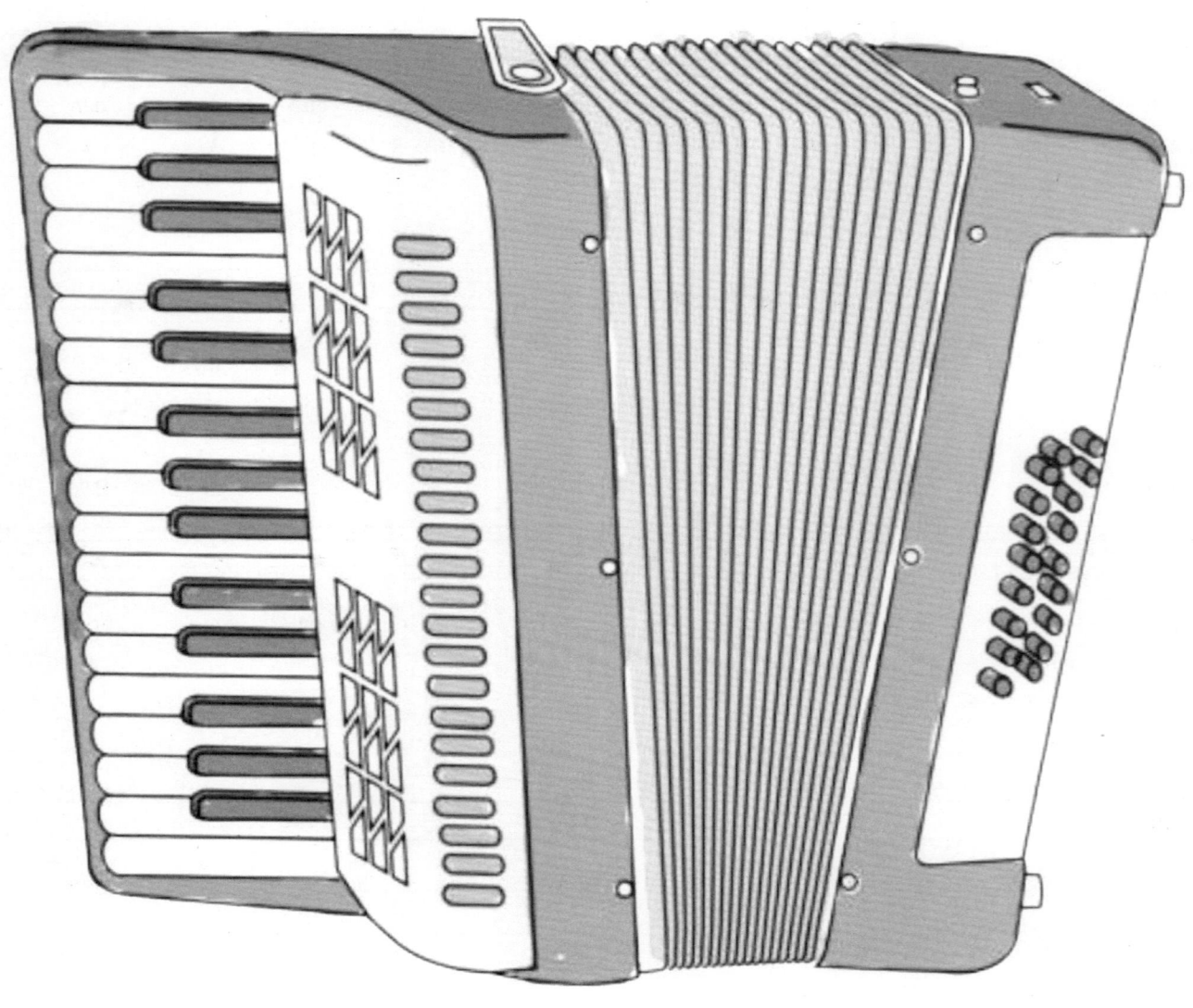

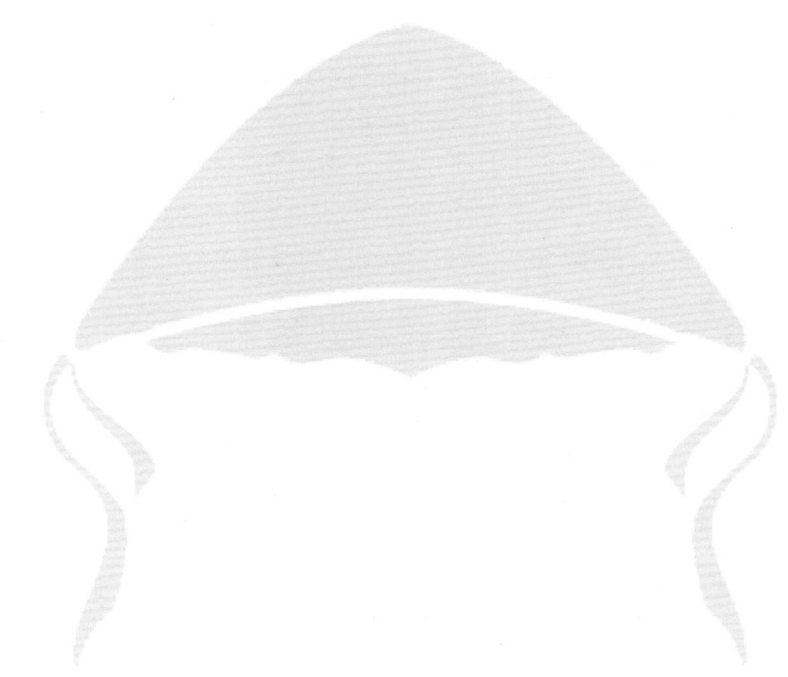

BAIÃO

O Baião é um ritmo nordestino que envolve canto e/ou dança e é considerado um dos mais populares no universo musical brasileiro.

A partir de 1946, o sanfoneiro pernambucano Luiz Gonzaga do Nascimento (1912-1989), imprimiu o baião na memória do povo brasileiro divulgando-o, através das estações de rádio do Rio de Janeiro, sendo condecorado pelo sucesso popular como o rei do baião. Apresentando ao público carioca a tradicional formação instrumental da música nordestina (sanfona, triângulo e zabumba), hoje conhecida como Trio de Forró. Gonzagão se apropriou de influências do samba e da conga cubana para revolucionar o ritmo do baião. Assim, o baião se tornou uma das mais belas formas de expressão musical brasileira, sendo muito cultuada pelo povo nordestino, além de alcançar popularidade nacional.

Apresentamos abaixo algumas obras a serem apreciadas:

- *A Dança da Moda* (Luiz Gonzaga e Zé Dantas), gravada originalmente por Gonzagão, em 1950;
- *Asa Branca* (Humberto Teixeira e Luiz Gonzaga);
- *Baião* (de Luiz Gonzaga e Humberto Teixeira); e
- *Doutor do Baião* (de João Silva e Luiz Gonzaga).

Baião

Piano/Triângulo/Flauta André Amaral

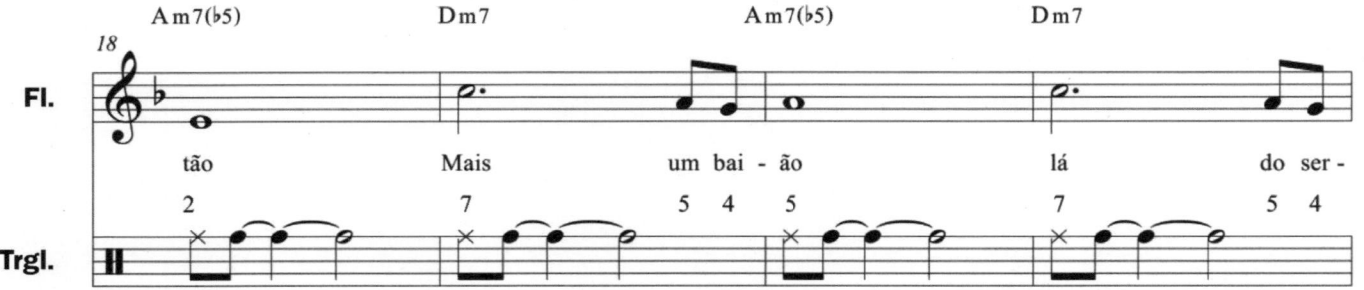

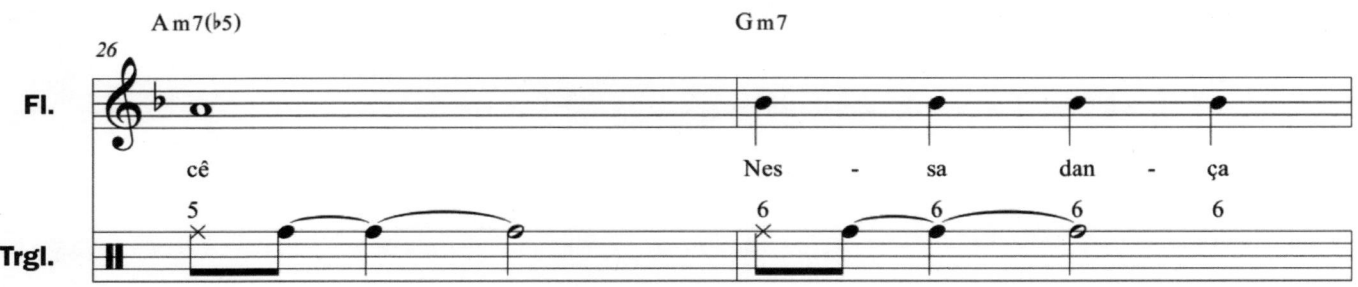

Sugestão de Percussão Corporal para o Baião[1]

Pulsação	1	2	3	4	1	2	3	4
Estalo com as duas mãos	I I I I ⇩ Pa	Pausa	Pausa	Pausa	I I I I ⇩ Pa	Pausa	Pausa	Pausa
Mão direita no peito	I I I I ⇩ Tum	Pausa	Pausa	Pausa	I I I I ⇩ Tum	Pausa	Pausa	Pausa

Conforme o quadro acima, percutimos a mão direita sobre o peito no primeiro tempo (1.1) e realizamos estalinhos nas duas mãos no 1.2.

---

[1]. *A proposta de escrita e leitura foi tomada de Cecília Cavalieri França na obra Hoje tem aula de música? (2016, p. 16), em detrimento da escrita comumente usada no método Orff.*

SAMBA BOSSA NOVA

A *Bossa nova* foi um movimento da música popular brasileira que iniciou no final da década de 1950. Sua condução rítmica é a que mais se aproxima do samba tradicional e foi consagrada pelo baiano João Gilberto (1931), a partir de dois discos: *Canção do amor demais*, gravado pela cantora Elizeth Cardoso (1920-1990), em 1958, em que João Gilberto participa como violonista em duas músicas, e seu primeiro LP *Chega de Saudade* lançado pelo selo Odeon, em 1959. Esse segundo disco trazia a canção que empresta o nome ao título, composta por Tom Jobim (1927-1994) e Vinícius de Moraes (1913-1980). O refinamento da melodia e da harmonia, a inovadora batida de violão e a maneira coloquial de cantar de João Gilberto são as principais características da bossa nova. A nova batida tornou célebre o formato voz e violão, que deu grande destaque ao acompanhamento instrumental.

João Gilberto, Tom Jobim e Vinícius de Moraes em conjunto com outros jovens cantores e compositores da classe média carioca lançaram o movimento que é originado da combinação do samba com o jazz. A bossa nova trouxe sofisticação à música popular brasileira, distanciando-a da evolução natural do samba de roda, e aproveitando parte de seu ritmo para absorver a influência do jazz.

Na década de 1950, o movimento bossa nova começou a nascer em reuniões casuais de músicos em apartamentos da Zona Sul carioca, entre eles o de Nara Leão (1942 – 1989), mais tarde consagrada como musa do movimento.

A bossa nova se tornou um dos mais influentes movimentos da música popular brasileira, obtendo repercussão internacional. A música *Garota de Ipanema*, composta por Antônio Carlos Jobim e Vinícius de Moraes, em 1962, é um grande exemplo dessa repercussão, pois assim como outras canções da dupla foi executada no *Carnegie Hall* em Nova Iorque (EUA), gravada por Frank Sinatra e outros cantores famosos em todo o mundo. A canção Desafinado de Tom Jobim e Newton Mendonça foi gravada no mesmo ano pelos conceituadíssimos jazzistas Stan Getz (1927-1991) e Charlie "Bird" Parker (1920-1955).

Apresentamos abaixo algumas obras a serem apreciadas:

- *Garota de Ipanema*, composta por Antônio Carlos Jobim e Vinícius de Moraes em 1962;
- *Desafinado* de Tom Jobim e Newton Mendonça foi gravada no mesmo ano pelos conceituadíssimos jazzistas Stan Getz (1927-1991) e Charlie "Bird" Parker (1920-1955).
- *Samba do Avião* (Antonio Carlos Jobim);
- *Hô-Bá-Lá-Lá* (João Gilberto); e
- *Bim Bom* (João Gilberto).

Samba Bossa

Flauta/Piano/Triângulo
André Amaral

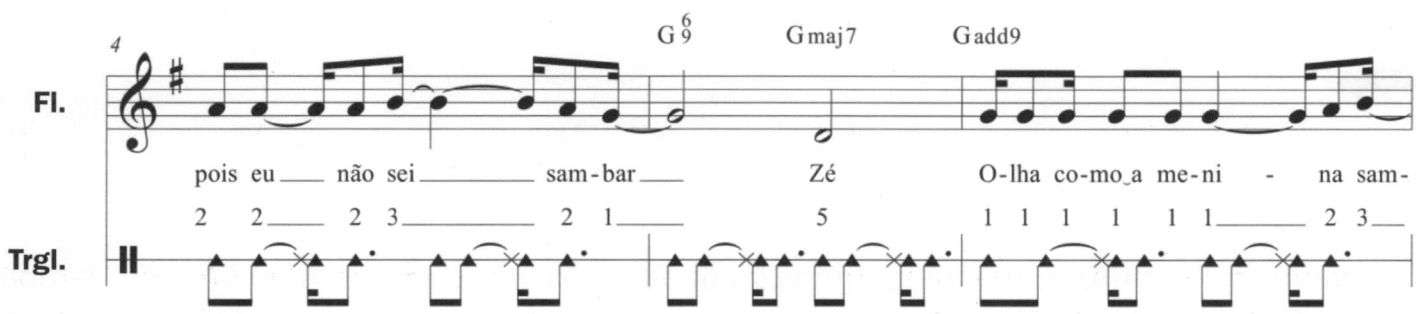
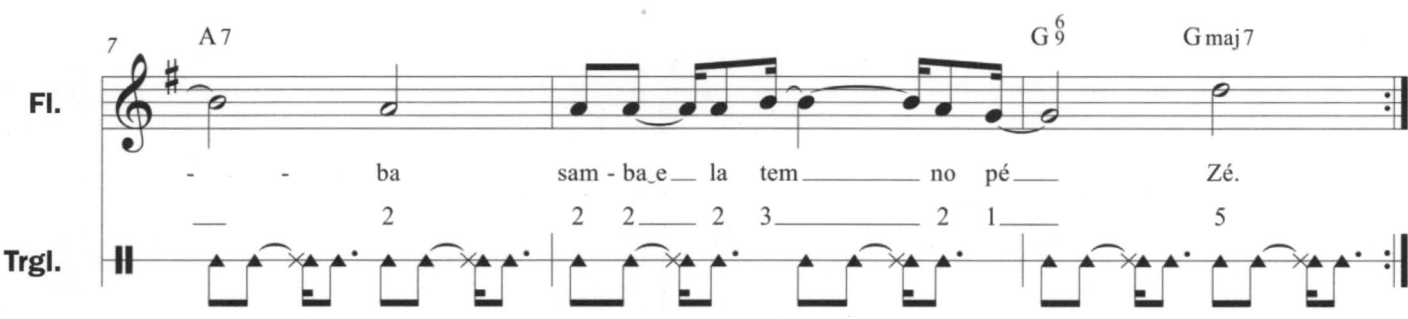
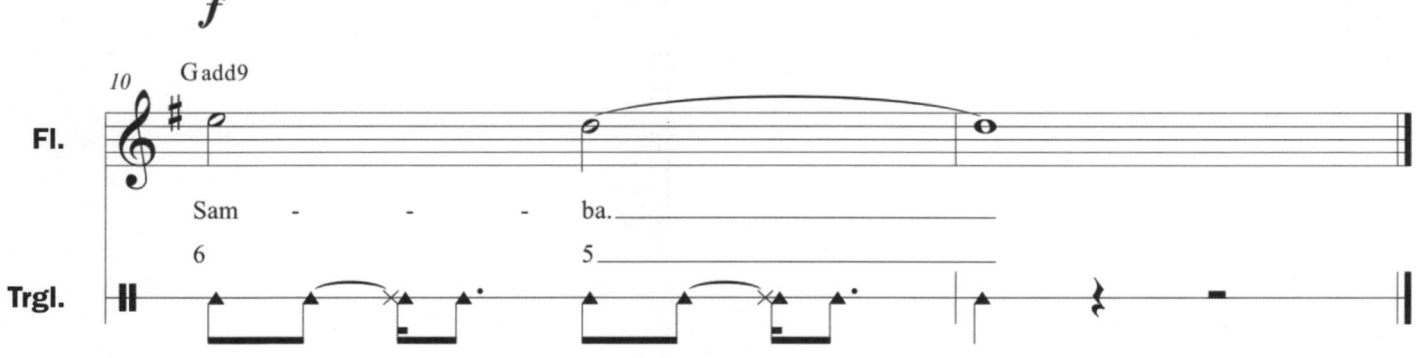

Sugestão de Percussão Corporal para o Samba Bossa

Pulsação	1	2	3	4	1	2	3	4
Estalo com as duas mãos		⬇ Pa		⬇ Pa		⬇ Pa		⬇ Pa
Palmas	⬇ Tum		⬇ Tum		⬇ Tum		⬇ Tum	
Mãos nas coxas	⬇ Tum		⬇ Tum		⬇ Tum		⬇ Tum	

Conforme o quadro acima, percutimos as duas mãos sobre as coxas no primeiro tempo (1.1) e no terceiro tempo (3.1), batemos palmas no 1.3 e 3.3 e realizamos estalinhos nas duas mãos no 2.2 e 4.2.

FREVO

O Frevo é música e dança de rua que surgiu em 1909 e que até os dias atuais é a grande sensação do carnaval pernambucano. Tem origem na polca militar ou polca-marcha, gênero muito executado pelas bandas marciais militares pernambucanas do início do século XIX, acompanhando desfiles em que capoeiristas se apresentavam dançando. A partir de 1917, o frevo foi introduzido nos salões e clubes carnavalescos passando a fazer parte dessa popular festa brasileira.

A marcha apresenta um ritmo sincopado, bem marcado e frenético que leva a multidão a "ferver" ao calor da música e da dança. Uma importante característica do frevo é ser uma dança de grandes multidões, mas executada de forma individual. As pessoas são atraídas pelo som e contaminadas por fervor eletrizante. Assim, o que gera maior interesse no frevo é justamente sua coreografia.

Ao som das marchas-frevo típicas, centenas de dançarinos, fazem os diversos passos do frevo, muito complexos e que exigem grande habilidade. Podem ser dançados na rua, nos salões, em roda ou em marcha. Alguns dos mais consagrados passos do frevo são: saca-rolhas, chã de barriguinha, tesoura, parafuso, dobradiça, locomotiva, caindo nas molas e fogareiro, mas outros podem ser criados pelos passistas. O tipo mais consagrado é o frevo-de-rua, pela dificuldade dos passos e pela riqueza da estrutura musical.

TIPOS DE FREVO ENCONTRADOS EM OLINDA E RECIFE	
NOME	DESCRIÇÃO
Frevo-de-Rua	Instrumental de Andamento Vivo.
Frevo-Canção	Introdução e final de andamento rápido e uma canção na parte central.
Frevo-de-Bloco	Acompanhado por Orquestra de Pau-de-Corda, Composta por Flautas, Clarinetes, Violões e Bandolins, em andamento mais moderado.

(PEREIRA, 2007, p. 79).

A música *O teu cabelo não nega*, de 1932, que consolidou a marchinha carioca, foi uma adaptação de Lamartine Babo (1904-1973) da composição *Mulata* dos irmãos pernambucanos João Valença (1890-1983) e Raul Valença (1894-1977) conhecidos como Irmãos Valença. *Frevo Pernambucano* de Luperce Miranda (1904-1977) e Oswaldo Santiago (1902-1976) foi a primeira gravação com o nome do gênero registrada por Francisco Alves em 1930.

Embora o pernambucano Capiba (1904-1997) seja considerado um dos mais importantes compositores do gênero; o frevo mais conhecido do Brasil chama-se Vassourinhas, de autoria de Mathias da Rocha e Joana Batista.

Apresentamos abaixo algumas obras a serem apreciadas:

- *Frevo* (de Tom Jobim e Vinícius de Moraes);
- *Pelas ruas do Recife* (de Marcos e Paulo Sergio Valle),
- *Frevo Rasgado* (de Gilberto Gil);
- *Festa do Interior* (de Moraes Moreira e Abel Silva), gravada por Gal Costa;
- *Banho de cheiro* (de Carlos Fernando), gravada por Elba Ramalho;

Frevo

Flauta/Piano

André Amaral

♩ = 140

ff

Fmaj7 | Fmaj7 Gm7 C7(♭9) Fmaj7

Ve-nho do ma - xi - se mar-cha e ca - po -
1   3   5 3   2   1   1   3   5 3

Gm7 C7(♭9) Fmaj7 F♯dim Gm7 G♯dim Am7 B♭maj9 Bm7(♭5)

ei - ra lá de Per - nam - bu - co Eu me cha - mo
6   5   6 5   4   3   2   1   7 1   2   3

Cmaj9 C♯7(♭5) **ff** Fmaj7 Gm7 C7(♭9) Fmaj7 Gm7

Fre - vo Ve - nho do ma - xi - xe Mar - cha e ca - po - ei -
4   3   1   3   5 3   2   1   1   3   5 3   6

C7(♭9) Fmaj7 F♯dim Gm7 G♯dim Am7 B♭maj7 Bm7(♭5)

ra Lá de Per - nam - bu - co Eu me cha - mo
5   6 5   4   3   2   1   7 1   2   3

Rall

C9   C♯7(♭5) Fmaj7

Fre - vo   Fre - - - vo.
4   5   6   5.

38

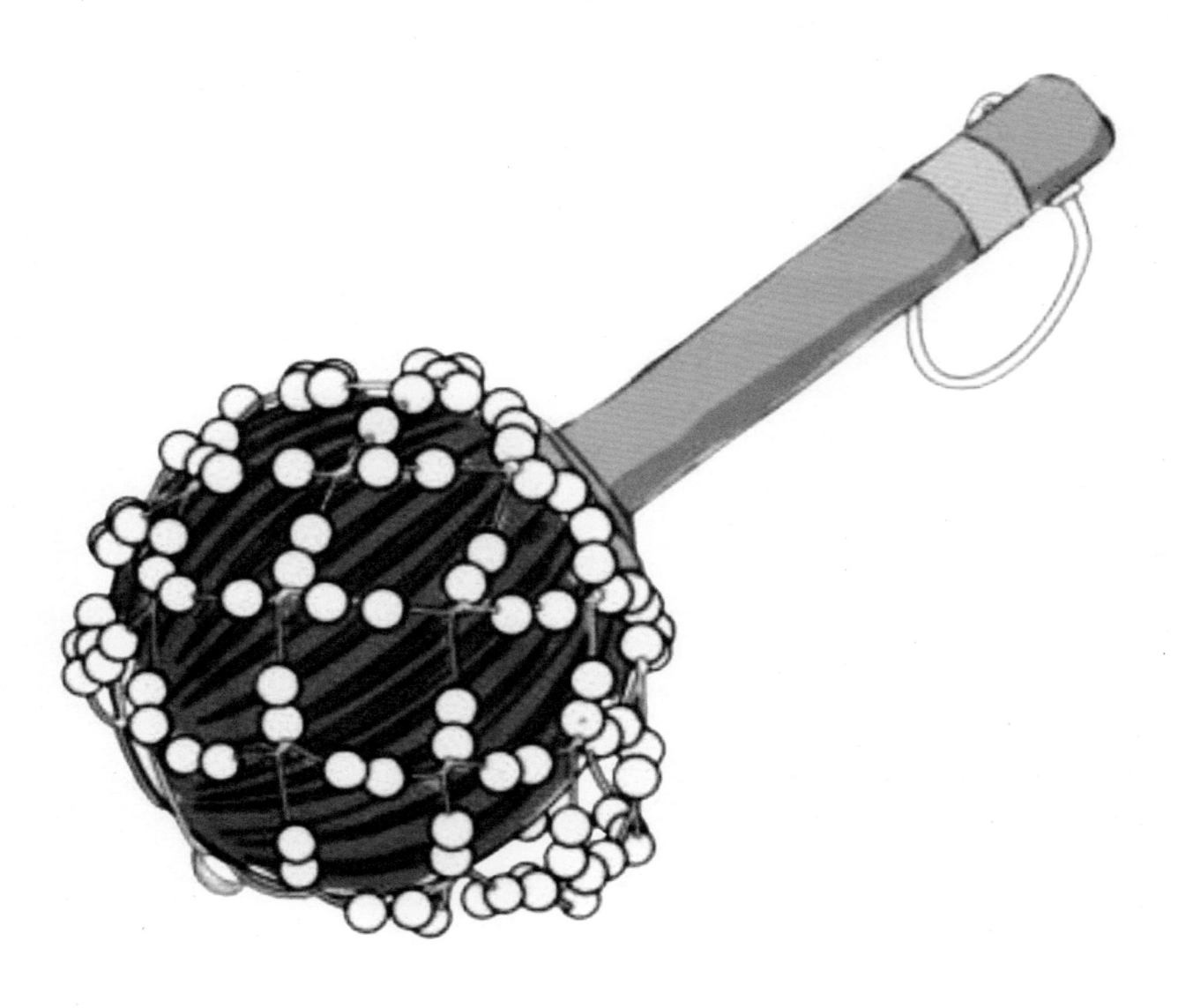

AFOXÉ

O Afoxé é um bloco, rancho, cordão ou agremiação que se apresenta principalmente durante o carnaval da Bahia. É uma manifestação cultural em forma de desfile público, realizada por negros baianos que se trajam principescamente e entoam canções baseadas no candomblé jeje-nagô, geralmente em língua africana. O termo afoxé também é designação de um chocalho (instrumento musical idiofone sacudido).

O *Ijexá* é o ritmo que anima os desfiles dos Afoxés, normalmente executado em reverência aos orixás do candomblé . Há muito tempo deixou de ser apenas uma manifestação folclórica ou religiosa, sendo observado em muitas expressões da música popular brasileira.

No bairro Garcia, localizado na cidade de Salvador, na Bahia, encontramos o mais importante desses blocos, o *Afoxé Otum Obá de África* (1931), iniciativa de João Baptista, motorista da companhia de saneamento da cidade que costumava reunir outros cordões do gênero em torno de um vatapá nas vésperas do carnaval. Inspirados no Candomblé, os integrantes dos afoxés da Bahia consideram o axé, a energia positiva que deve ser levada a todos os lugares por onde passam seus festejos. Os participantes do afoxé *Filhos de Gandhy* sempre se apresentam com roupas brancas que simbolizam a paz de Oxalá.

Apresentamos abaixo alguns blocos de afoxé para serem apreciados:

- Álbum: *Afros e Afoxés da Bahia* (Edil Pacheco e Paulo César Pinheiro – 1988);
- *Muito Obrigado Axé* (Composição de Carlinhos Brow interpretado por Ivete Sangalo e Maria Betânia);
- *Um canto de Afoxé para o Bloco do Ilê* (Caetano Veloso/Moreno Veloso);
- *Afoxé Amigos de Katendê* (Mestre Moa); e
- *Filhos de Gandhy* (Composição de Edil Pacheco interpretado por Clara Nunes).

Afoxé

Flauta   André Amaral

Lyrics:
Pedro Maria Provando seu acarajé Dendê e Pimenta
No mercado de São Salvador
O nosso Senhor do Bonfim Que traz muitas bênçãos pra mim Bahia de Nosso Senhor

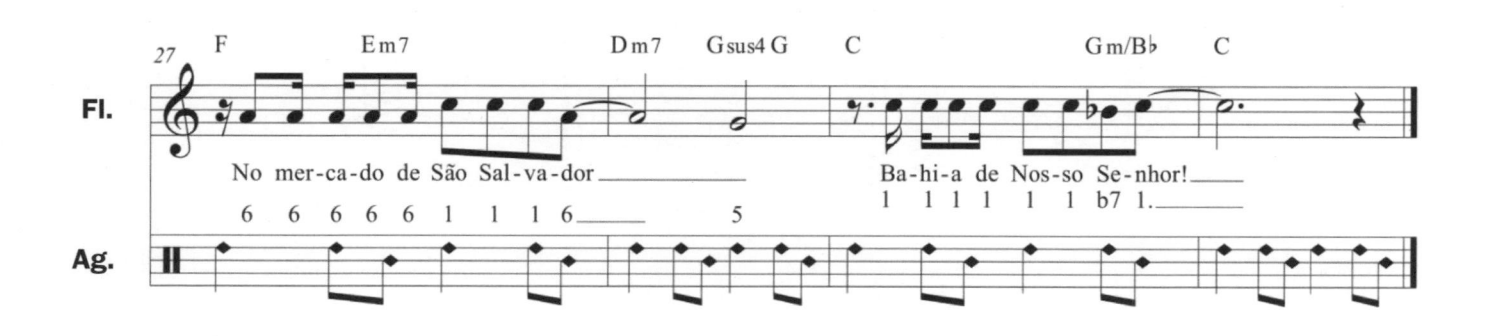

16 G7 C G/B Am7
Fl.
O Nos-so Se-nhor do Bon-fim___ Que traz muit-tas bên-çãos pra mim
___ 4   1 1 1 1 7 7 7 6___   6 6 6 6 5 5 5 4___
Ag.

19 Dm7   G7   C   G/B   Am7   Am7/G
Fl.
___ Ba-hi-a de Nos-so Se-nhor___   Pe-dro   Ma - ri-a
___ 4 4 4 4 2 2 2 5___   4   3 5   5   1 3
Ag.

23 F   Em7   Dm7   Gsus4 G   C   G/B   Am7   Am7/G
Fl.
Pro-van-do seu a-ca-ra-jé___   Den-dê e   Pi - men-ta
6 6 6 6 6 6 6 5___   5   3 5   5   1 3
Ag.

27 F   Em7   Dm7   Gsus4 G   C   Gm/B♭   C
Fl.
No mer-ca-do de São Sal-va-dor___   Ba-hi-a de Nos-so Se-nhor!
6 6 6 6 6 1 1 1 6___   5   1 1 1 1 1 1 ♭7 1.
Ag.

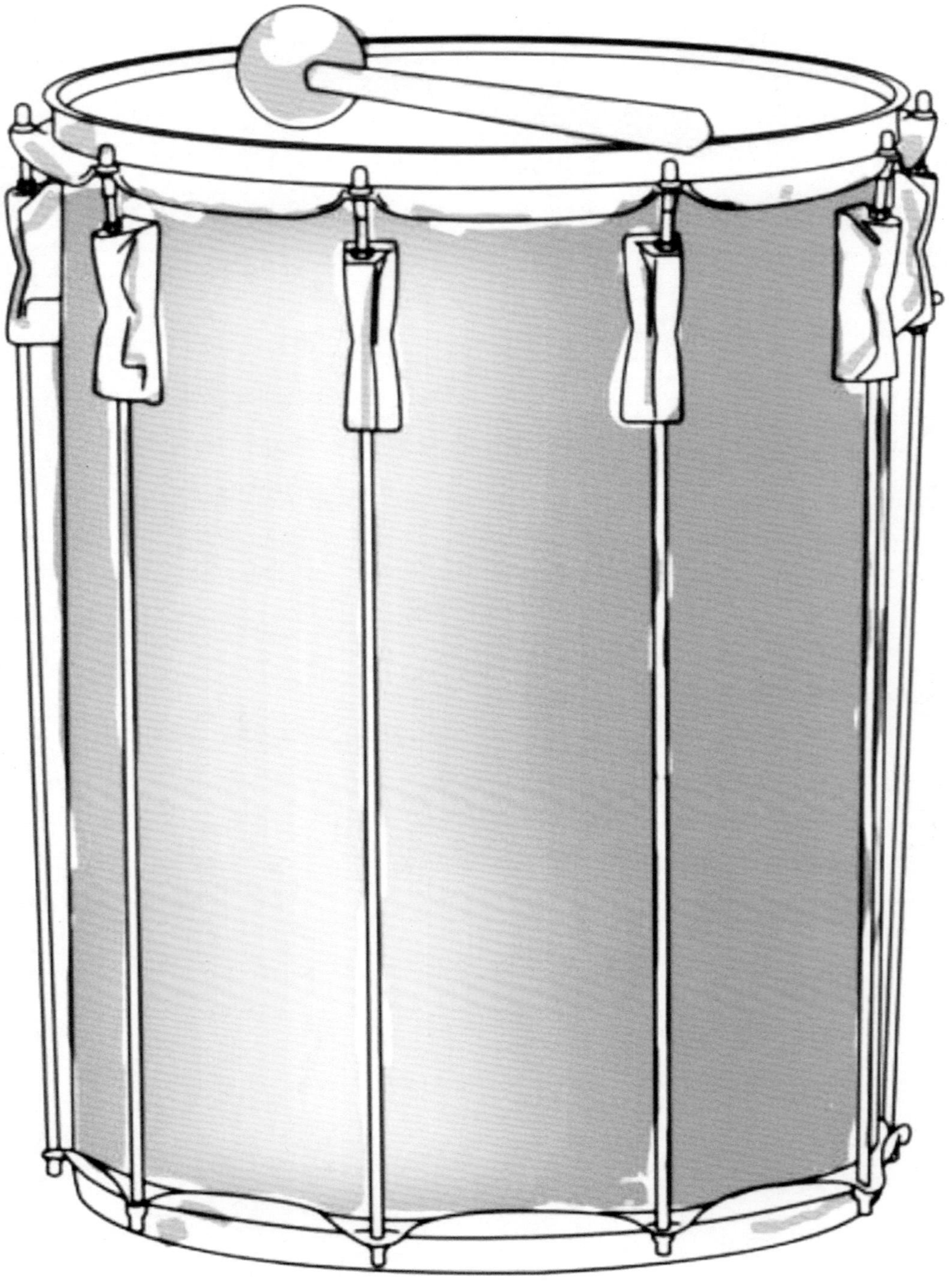

CIRANDA

A *Ciranda* é uma dança de roda cantada, de origem portuguesa, ainda muito em moda em muitas regiões do Brasil. Ainda que predominantemente de caráter infantil, é bailada por adultos, tanto em Portugal, quanto no Brasil. Sua prática é predominante na Ilha de Itamaracá, perto de Recife, em Pernambuco, onde quem inicia e improvisa os versos das cirandas é o chamado *mestre* e os integrantes, que se denominam *cirandeiros*, dançam e cantam ao som de um ritmo lento, compassado e repetido.

Os instrumentos que acompanham a ciranda são basicamente os de percussão: o bumbo ou tambor, o tarol ou caixa de guerra, o ganzá (chocalho que marca o andamento). Eventualmente instrumentos harmônicos como a sanfona também se integram ao grupo.

Ao soar da caixa, que responde à marcação do bumbo, os cirandeiros (homens e mulheres) pisam forte com o pé esquerdo à frente, marcando o tempo forte do compasso e girando para o lado direito. Os dançarinos dão dois passos para trás e dois passos para frente, sempre de mãos dadas em roda. Os passos podem ser simples ou incrementados com coreografias e serem executados por pessoas de qualquer faixa etária. Pode ser criada uma roda por dentro da outra, até mesmo girando em sentidos opostos. Neste caso, a roda que girar para o lado direito fará a marcação com o pé direito e vice-versa. Os cirandeiros também podem levantar as mãos juntos em alguns momentos entoando o *Hei!*

Uma das mais famosas mestras de ciranda, também cantora e compositora é Maria Madalena Correia do Nascimento, a Lia de Itamaracá (1944-). Cirandeira da Ilha de Itamaracá, que ficou muito conhecida desde os anos 60 quando a cantora e compositora Terezinha João Calazans (1940 -) mais conhecida como Teca Calazans registrou a quadra "Esta ciranda quem me deu foi Lia/que mora na Ilha de Itamaracá".

Apresentamos abaixo algumas obras a serem apreciadas:

- O LP *Cirandas* em que se destaca a composição *Minha ciranda* do compositor Capiba (gravado por Lia de Itamaraca e o cantor Claudionor Germano da Hora);
- o LP *A rainha da Ciranda* (de Lia de Itamaraca);
- o CD *Capiba* e o CD *Eu sou Lia* (Também de Lia de Itamaracá);
- *Cirandas* (interpretadas por Mariene de Castro).

Ciranda

Flauta/Piano/Pandeirola/Acordeon

André Amaral

Eu vou fa-zer pu-dim e man-jar Pro Ci-ran-dei-ro não re-cla-mar E-le to-cou in-té sol nas-cer. Po-vo dan-çou a-té não mais po-der. Es-ta ci-ran-da eu fiz prá vo-cê. Eu vou fa-

(*)Improvisar livremente com a flauta doce entre os compassos 20.3 e 30.2

45

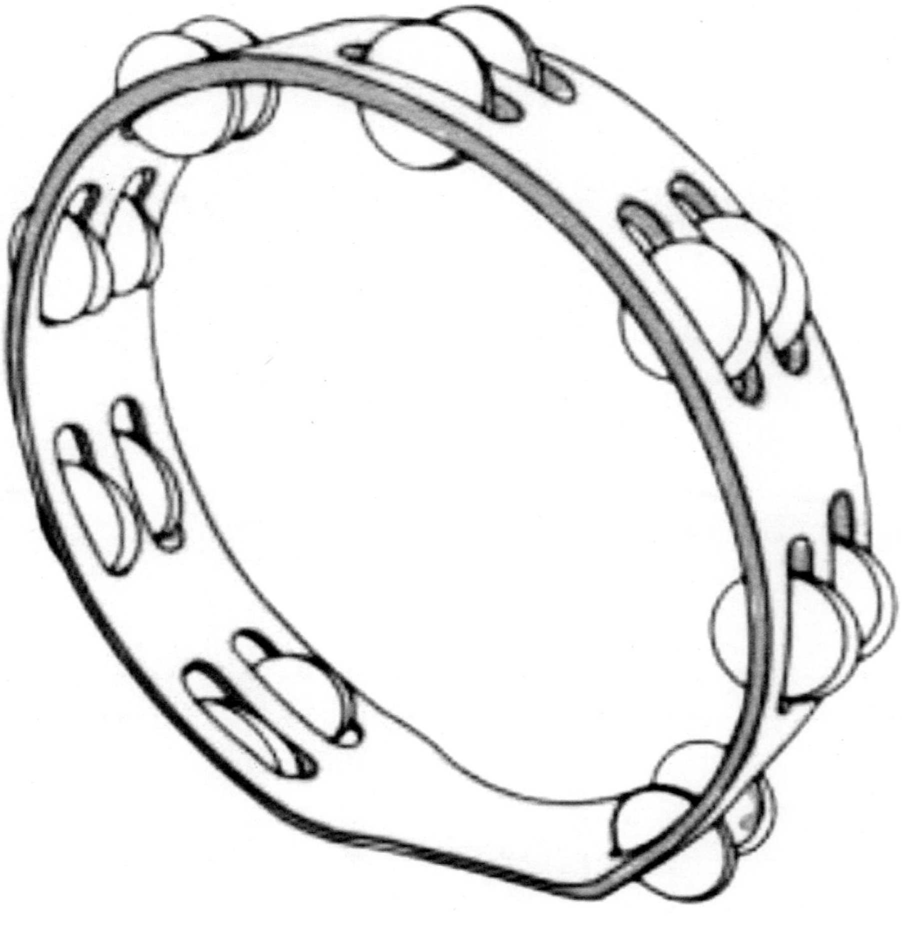

COCO

O *Coco* é um gênero composto por música e dança popular do Norte e Nordeste do Brasil que apresenta característica africana. Um grupo canta o refrão em coro respondendo aos versos em quadras, emboladas, sextilhas ou décimas do "tirador de coco ou coqueiro". Apresenta claras influências indígenas e africanas e sua disposição coreográfica coincide com a dos bailados indígenas, especialmente os Tupis.

Acredita-se que tenha nascido do canto de trabalho, mas sua origem é bastante polêmica. Além de influências africanas e indígenas, também apresenta características portuguesas e que os estados brasileiros de Alagoas, Paraíba e Pernambuco disputam entre si a origem do gênero, mas ninguém pode provar com certeza tal fato.

Embora a coreografia seja a mesma em todos os lugares, existe uma grande variedade de tipos de coco: o "coco-de-amarração", o "coco-de-roda", o "coco-de-embolada", o "coco-de-praia", o "coco-do-sertão", o "coco-de-zambê" e o "coco-de-umbigada" dentre os mais comuns.

O refrão pode seguir a estrofe ou ser intercalado nela. Os cocos geralmente obedecem a uma estrutura de compasso binário ou quaternário. Existem também os cocos mais lentos, mais líricos, e de ritmo mais livre. Esses são destinados ao canto e não à dança, nomeados de acordo com seu processo poético e, às vezes englobados no gênero canção.

Apresentamos abaixo algumas obras a serem apreciadas:

➢ *Sebastiana* (Jackson do Pandeiro);

➢ *O canto da Ema* (Gilberto Gil);

➢ *Jack soul brasileiro* (Lenine);

➢ *Coco de Improviso* (Edson Meneses, Alventino Cavalcante e Jackson do Pandeiro);

➢ *Coco Dub* (Chico Science & Nação Zumbi); e

➢ *A Rolinha* (Selma do coco).

Coco

Flauta/Tamtam/Piano

André Amaral

Quan-do o co - quei-ro vir to-car o seu pan-dei-ro que-ro ver a ro-da in-tei-ra se me-xen-do pa-ra cá Quan-do o co lá. Per-nam-bu-ca-no Pa-ra-i-ba-no A-la-go - a-no que-ro ver quem é me - lhor na dan-ça pa-ra me mos - trar Es-se é o co-co nor-des-ti-no com em-bo - la-da pra dan-çar de ma-dru - ga-da que nin-guém vai se can - sar Eu vou dan - çar. Não vou pa -

Fl.
T.T.
25 G Am Am7
rar Quan-do_o co - quei-ro vir to-car o seu pan - dei-ro que-ro ver a ro-da_in-
1. 2.
29 C Em7 G Dm7
tei-ra se me-xen-do pa-ra cá Quan-do_o co - lá Dos por-tu-guê-ses vem dos ín-dios e_a-fri-
33 Em7 Dm7
ca-nos pro ser-tão e pa-ra_as prai-as do nor-des-te a-le-grar. Ca-ra-ca-xás tem os pan-dei-ros e_as za-
37 D9 G C
bum-bas tem os pi-fes e os bom-bos ins-tru-men-tos prá to - car. Eu vou
42 D7 G C D7 G
to - car. Não vou pa - rar. Ai.

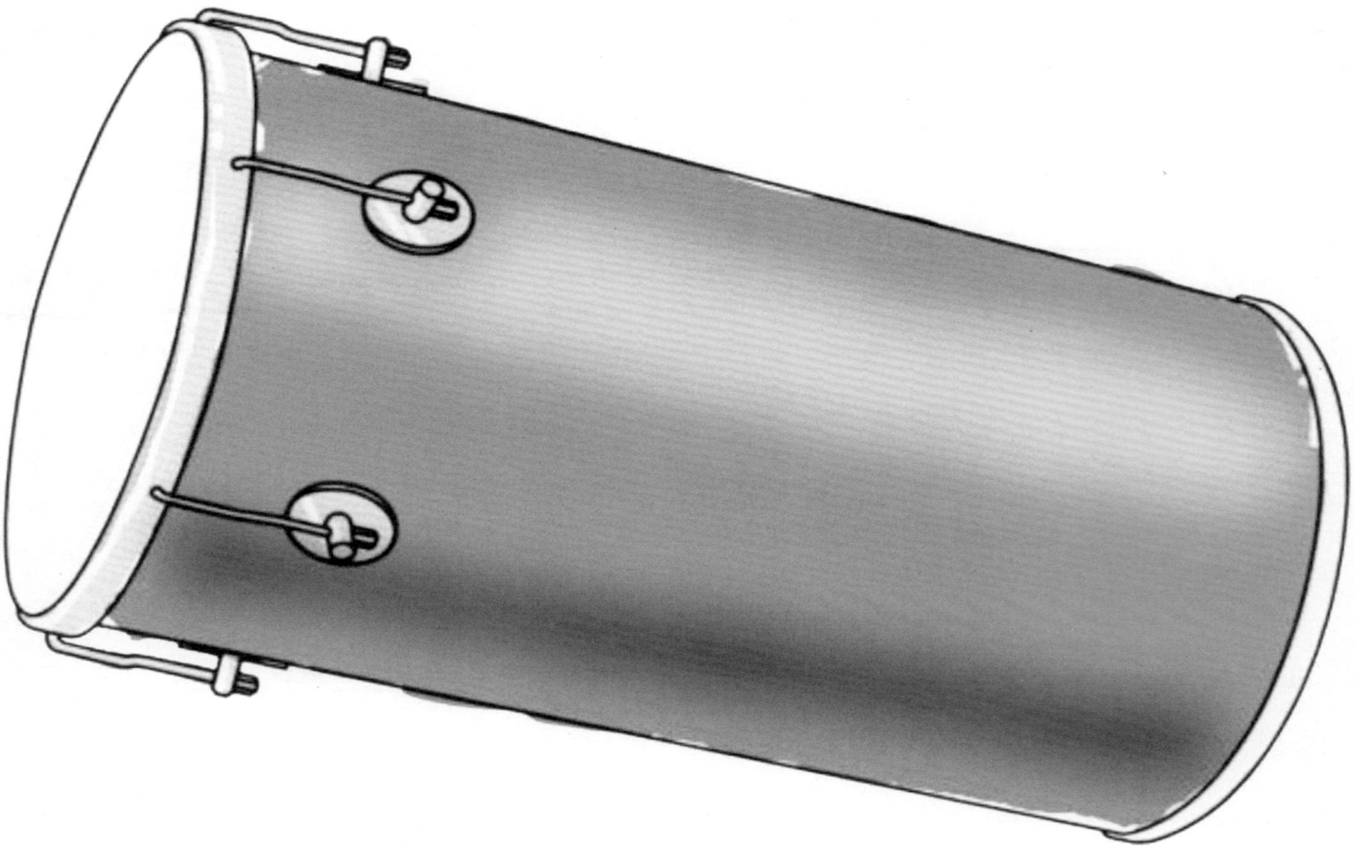

SAMBA DE RODA

O samba de roda é uma mistura de música, dança, poesia e festa. É uma das variantes mais tradicionais e antigas do samba originário do estado da Bahia. Foi muito difundido no Brasil, sobretudo em Pernambuco e no estado do Rio de Janeiro, onde era praticado pelos negros que migraram da Bahia no final do século XIX. O samba de roda é um subgênero do samba associado à dança e ligado à capoeira. As canções são acompanhadas por palmas, e por um conjunto de pandeiro, atabaque, berimbau, viola e chocalho.

No entanto, foi no Rio de Janeiro que o samba evoluiu, adquiriu grande diversidade e se estabeleceu na zona urbana com uma enorme importância social, cultural e econômica. No início do século XX, a sociedade ainda enxergava as manifestações culturais afro-brasileiras como violações de valores morais. Essas manifestações eram interpretadas como simples algazarras, ou mesmo supostos rituais demoníacos, o que distorcia a imagem das expressões religiosas da comunidade negra, de grande importância para seu povo.

No Rio de Janeiro, o samba disseminou-se mais especificamente no bairro da Praça Onze, também conhecido como *Pequena África*, por conter enorme população de afro-brasileiros.

Com a urbanização e a modernização do samba de roda, surgiram vários tipos de samba e vários nomes importantes para o gênero. Em 1916, foi gravado em disco o primeiro samba, chamado *Pelo Telefone*, pelo cantor e compositor Ernesto Joaquim Maria dos Santos (1890-1974), mais conhecido como Donga, e Mauro de Almeida (1882-1956). A partir daí, vieram outros compositores de sambas como: José Barbosa da Silva (1888-1930) conhecido como Sinhô, Noel de Medeiros Rosa (1910-1937), Ary Barroso (1903-1964), Lamartine Babo (1904-1963), João de Barro (1907-2006) conhecido como Braguinha, Ataulfo Alves (1909-1969), Pixinguinha (1897-1973), Agenor de Oliveira (1908 – 1980), mais conhecido como Cartola, Nelson Antônio da Silva (1911-1986) de nome artístico Nelson Cavaquinho, entre tantos outros.

Apresentamos abaixo algumas obras a serem apreciadas:

- *Pelo Telefone*, pelo cantor e compositor Ernesto Joaquim Maria dos Santos (1890 - 1974), mais conhecido como Donga, e Mauro de Almeida (1882-1956);
- *Roda Pião* (de Dorival Caymmi);
- *Eu vim da Bahia* (de Gilberto Gil); e
- *Alguém me avisou* (Dona Ivone Lara).

Samba-de-roda

Flauta/Piano/Tamborim
André Amaral

(*)Improvisar livremente com a flauta doce entre os compassos 5 e 28

EMBOLADA

A embolada é uma espécie de canto improvisado ou decorado, que surgiu no nordeste brasileiro, muito comum às praias do sertão, onde são especialmente populares. O gênero apresenta melodia com caráter declamatório, com ritmos rápidos e intervalos curtos.

Em algumas emboladas, observamos que um cantador tenta denegrir a imagem de sua dupla, utilizando versos ofensivos, que incluem palavrões e insultos (nesse caso, não é recomendável seu uso em ambiente escolar). A ideia é que o ofendido improvise uma resposta rápida e criativa. Caso não consiga, seu par é coroado vencedor do desafio.

Uma grande personagem no cenário da música brasileira que interpretou o gênero foi a cantora e pesquisadora Inezita Barroso, nome artístico de Ignez Magdalena Aranha de Lima (1925-2015). Por meio de pesquisas a cantora conheceu, dentre outros gêneros, a embolada, o coco, o baião, o xote, o frevo e o maracatu e se notabilizou como uma grande intérprete de música de raiz. Inezita viajou pelo interior do país, mapeando músicas, enredos, sons e outras informações sobre as mais diversas expressões musicais da cultura brasileira.

Apresentamos abaixo algumas obras a serem apreciadas:

- *Andando de coletivo* (Caju e Castanha. Trama);
- *Vindo lá da lagoa* (Caju e Castanha. Trama);
- *O pobre e o rico* (do disco *Professor de embolada*, gravado pela dupla Caju e Castanha, em 2003). Outras músicas do disco podem ser apreciadas.
- *Jacaré tá no caminho* (executada pela dupla Raul Torres e João Batista Pinto, conhecido como Florêncio).

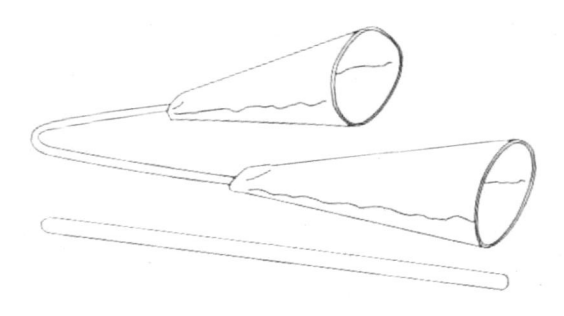

Embolada

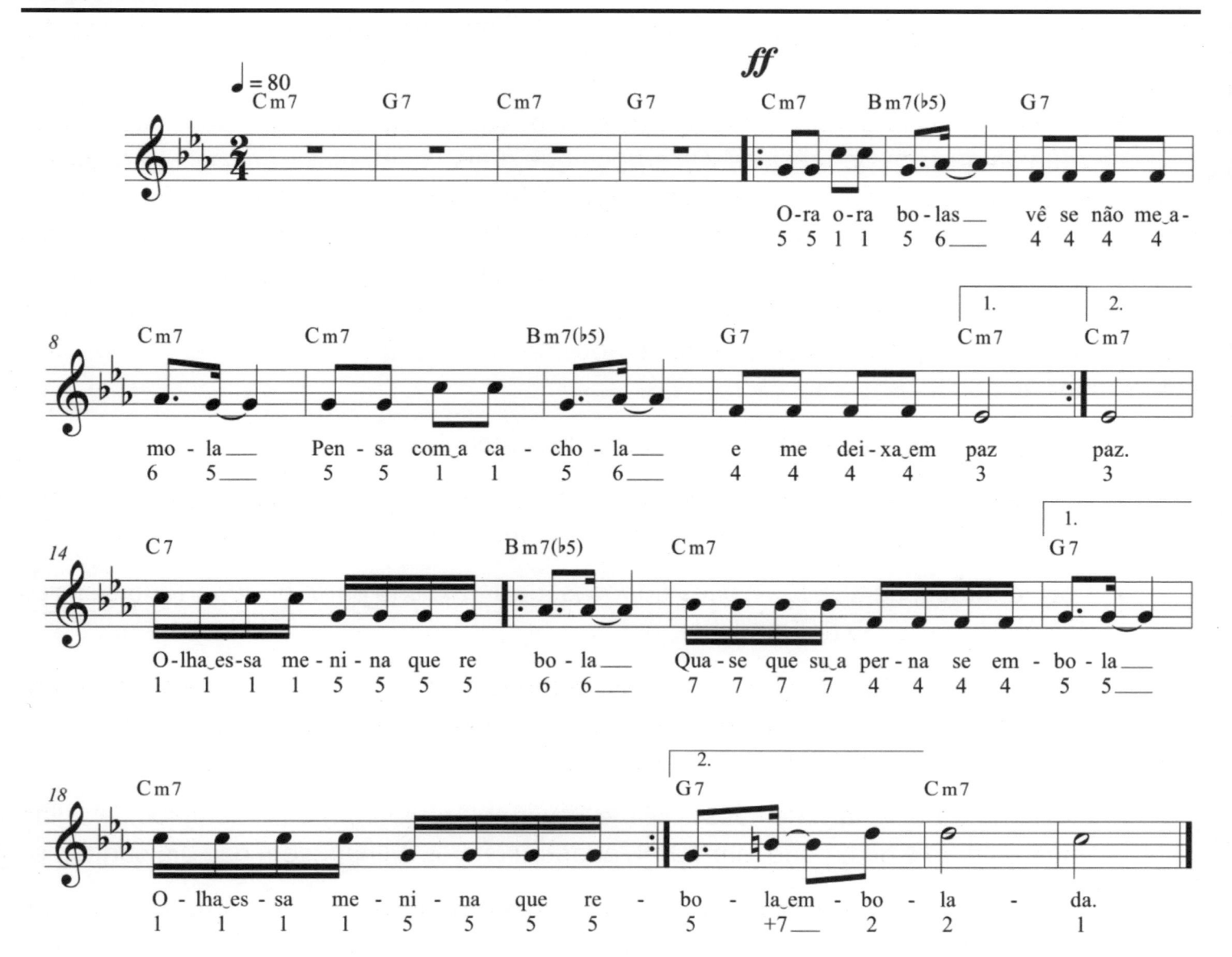

Flauta/Piano André Amaral

CHORO

O choro é um gênero musical popular e noturno com características coreográficas, rápido andamento, em ritmo agitado e alegre. É basicamente um gênero para execução instrumental por pequenas orquestras.

O Choro veio dos subúrbios cariocas, mais especificamente do bairro da Cidade Nova, onde se reuniam grupos de músicos. Os grupos que mais se interessaram por esse gênero foram comerciantes e funcionários públicos, geralmente de origem negra, que formavam a classe média urbana surgida a partir da abolição do tráfico de escravos em 1850. Muitos deles eram formados por funcionários da Alfândega, dos Correios e Telégrafos, e da Estrada de Ferro Central do Brasil. Os primeiros conjuntos de chorões (nome dado aos músicos que tocavam o choro) surgiram na cidade do Rio de Janeiro, nos últimos anos do século XIX e começo de século XX.

Apresentamos abaixo algumas obras a serem apreciadas:

- *Brasileirinho* (de Waldir de Azevedo, composto em 1947), um dos maiores sucessos da história do gênero, gravado por *Carmen Miranda*;

- *Doce de Coco*, de 1951; e *Noites Cariocas*, de 1957, são parte do repertório clássico do gênero de Jacob do Bandolim;

- *Suíte Retratos*, (de Radamés Gnattali, composto em 1956, homenageando quatro compositores que considerava fundamentais para a música brasileira: Chiquinha Gonzaga, Anacleto de Medeiros, Ernesto Nazareth e Pixinguinha);

- *Espinha de Bacalhau* (de Fausto Nilo e Severino Araújo - Um dos exemplos de união entre o choro e o jazz que, em 1944, adaptou choros à linguagem das big bands); e

- *Tico-Tico no Fubá* (de Zequinha Abreu e Aloysio de Oliveira, imortalizado na voz de Carmen Miranda).

Choro

Flauta/Piano

André Amaral

REFERÊNCIAS:

AGUIAR, Ronaldo Conde. *As Divas do Rádio Nacional*. Casa da Palavra Produção Editorial - Rio de Janeiro, 2010, p. 224 a 235.

AGUILAR, Patrícia Michelini. Flauta doce barroca x Flauta doce germânica – Dois dedos de prosa. *In: Lab flauta – plataforma digital colaborativa de conteúdo sobre flauta doce,* 2018.

ALENCAR, Edigar de. *O carnaval carioca através da música* - 2 v. Rio de Janeiro: Francisco Alves, 1985.

ALVARENGA, Oneyda P. de. *Música Popular Brasileira* – Fondo de Cultura Economica – México – Buenos Aires, 1947, p. 191-192.

ANDRADE, Mário de. *Dicionário musical brasileiro*. Editora da Universidade de São Paulo – São Paulo, 1989.

BONA, Melita. Carl Orff. Um compositor em cena. *In: Mateiro, T.; Ilari, B. (Org.)* Pedagogias em Educação Musical. Curitiba, Intersaberes, 2012, p. 125-156.

CARDIM Carlos A. Gomes, JUNIOR João Gomes. *O Ensino da Música pelo Método Analítico*. Augusto Siqueira & G. 4. ed. São Paulo: 1918.

CAETANO, Milena Tibúrcio de Oliveira Antunes. *Ensino coletivo de flauta doce na educação básica:* práticas pedagógicas musicais no Colégio Pedro II. Dissertação (Mestrado em Música). Escola de Música. Universidade Federal do Rio de Janeiro, Rio de Janeiro, 2012.

CASCUDO, Luís da Câmara. *DICIONÁRIO DO FOLCLORE BRASILEIRO*. 5. ed Itatiaia LTDA – Belo Horizonte, 1984.

CASTRO, Maria Teresa Mendes de. O uso da flauta doce na formação de professores de Música. *In Música e educação*. SILVA, H. L.; ZILLE, A. B. (orgs.). Barbacena: EdUEMG, 2015, p. 109-119.

FLAUTA DOCE SOPRANO GERMÂNICA. Disponível em: http://quintaessentia.com.br/ Acesso em: 11 e 17 out. e 06 nov. 2017.

FONTERRADA, Marisa. *De tramas e fios*. Um ensaio sobre música e educação. 2. ed São Paulo, Editora UNESP, 2008, p. 159-165.

FRANÇA, Cecília Cavalieri. SWANWICK, Keith. *Composição, apreciação e performance na educação musical*: teoria, pesquisa e prática. Em Pauta – V. 13 – n° 21 - 2002.

GARCIA, Eda do Carmo Pereira. *Flauta doce soprano: construindo uma habilidade técnica em educação musical*. In: VII ENCONTRO ANUAL DA ABEM. 2003. Florianópolis. Anais... Florianópolis: ABEM, 2003. CD ROM.

GONÇALVES, Newton de Salles. *Enciclopédia do estudante*: música: compositores, gêneros e instrumentos do erudito ao popular. Editora Moderna, 2008, p. 213, 314.

HOUAISS, Antonio. Dicionário on line. Disponível em: https://houaiss.uol.com.br/pub/apps/www/v3-3/html/index.php#7 Acesso em 25 ago. 2018.

LEGATO, TRINADO, LIGADURA, APOGIATURA. Disponível em: http://www.descomplicandoamusica.com/legato-trinado-ligadura-apogiatura/ Acesso em: 04 mar. 2018.

LIRA, Ilma. *Rumo a um novo papel da flauta doce na educação musical brasileira*. 1984. Dissertação apresentada como parte dos requisitos para a obtenção do Grau de Mestre em Artes - Departamento de Música, Universidade de York. Inglaterra.

MARCHINHAS DE CARNAVAL. Disponível em: https://jogos.crescerfeliz.com/marchinhas-de-carnaval-bandeira-branca. Acesso em: 18 ago. 2017.

MARCONDES, Marcos Antônio. *Enciclopédia da Música Brasileira*: popular, erudita e folclórica. 2. ed.Art Editora: Publifolha – São Paulo, 1998.

MASCARENHAS, Mário e CARDOSO, Belmira. *Curso Completo de Teoria Musical e Solfejo*. 12. Ed Editora Irmãos Vitale – São Paulo, (1973, p. 35).

MEMÓRIAS DA ESCOLA ALEMÃ. Disponível em: http://www.eacorcovado.com.br/memorias/pessoas/helle-tirler. Acesso em: 25 out. 2017.

MÚSICA NA EDUCAÇÃO BÁSICA. Disponível em: http://abemeducacaomusical.com.br/revista_meb.asp Acesso em: 17 out. 2017.

PACHECO, Claudia. BAÊ, Tutti. *Canto equilíbrio entre corpo e som: princípios da fisiologia vocal*. Irmãos Vitale - São Paulo, 2006, p. 20 e 21.

PAZ, Ermelinda A. *Pedagogia Musical Brasileira no Século XX: Metodologias e Tendências*. 2.ed Editora MusiMed, Brasília, 2013.

_____. Sôdade do Cordão. Rio de Janeiro: ELF, 2000.

PEREIRA, Marco. *Ritmos Brasileiros, para Violão* – Rio de Janeiro, RJ: Garbolights Produções Artísticas, 2007.

SANTOS, Luciana Aparecida Schmidt dos; JUNIOR, Miguel Pereira dos Santos. Flauta doce como instrumento artístico: uma experiência em sala de aula. *Música na Educação Básica*. Londrina, v.4, n.4, novembro de 2012.

STACCATO, Disponível em: http://www.descomplicandoamusica.com/staccato/ Acesso em: 04 mar. 2018.

SUZUKI, Dr. Shinichi. *Recorder School*. Volumes 1, 2, 3 e 4. Alfred Publishing Co., Inc. USA, 1997.

SWANWICK, Keith. *A Basis for Music Education*. London: Routledge, 1979.

_____. *Ensinando música musicalmente*. Tradução de Alda Oliveira e Cristina Tourinho. São Paulo: Editora Moderna, 2003.

TINHORÃO, José Ramos. *Pequena História da Música Popular Brasileira*. 7.ed. São Paulo. Editora 34, 2013.

TIRLER, Helle. *Natal do Brasil*. São Leopoldo: Sinodal, 1989.

_____. *Vamos tocar flauta doce*. 1º e 2º volumes. São Leopoldo: Sinodal, 1971.

_____. *Vamos tocar flauta doce*. 3º volume. São Leopoldo: Sinodal, 1980.

_____. *Vamos tocar flauta doce* - Canções de Natal. 5º volume. São Leopoldo: Sinodal, 1993.

YAMAHA, Sopro Novo: *caderno de flauta doce soprano* – Rio de Janeiro: Irmãos Vitale, 2006.

ZAHAR. *Dicionário de música*. Zahar Editores, Editoria de Luiz Paulo Horta, Rio de Janeiro, 1985.

ANEXO - MANOSSOLFA

Notas da 8ª grave:

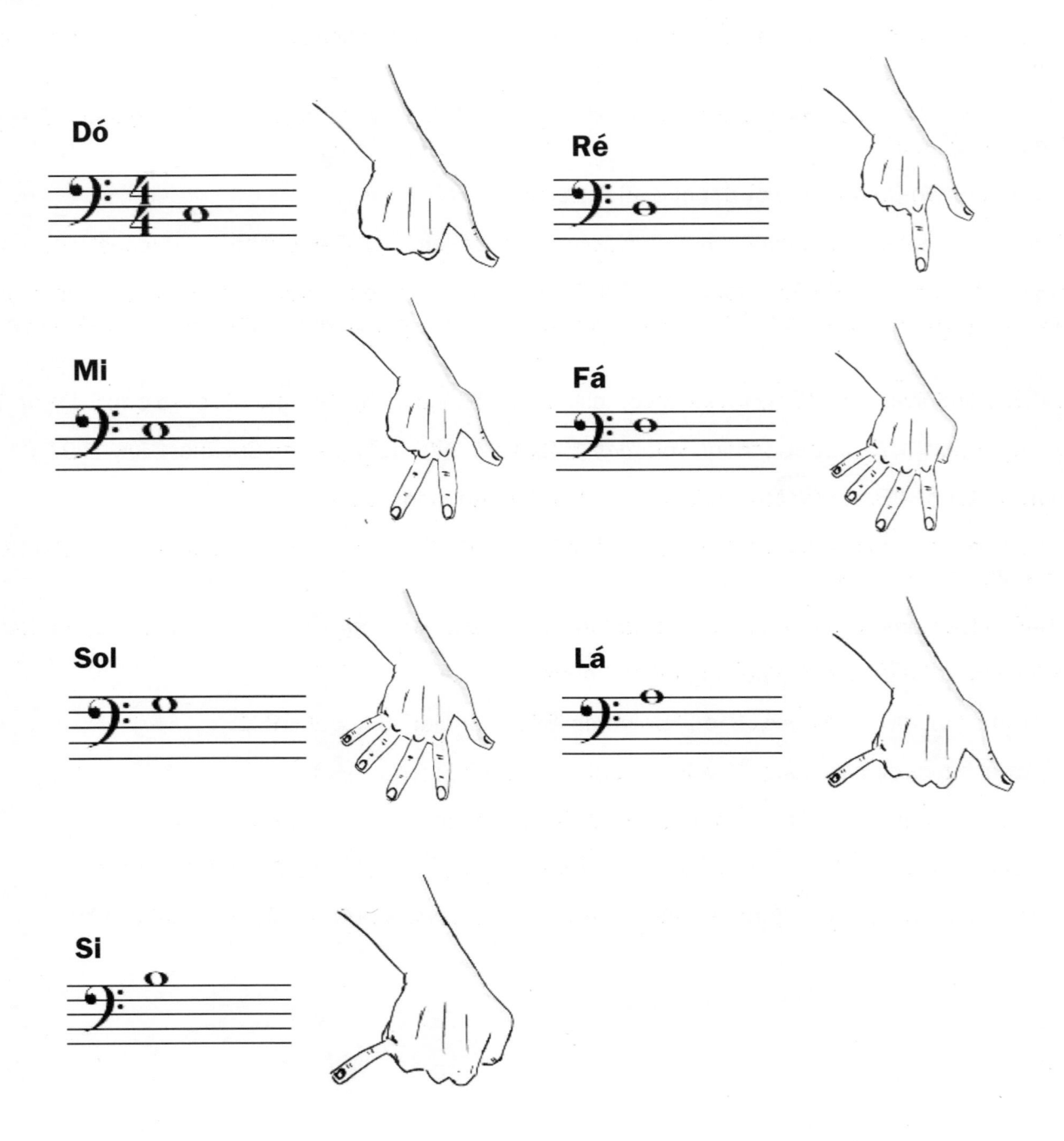

Dó

Ré

Mi

Fá

Sol

Lá

Si

Figura 17A [2]

---

2. *As figuras 17A, 17B e 17C - manossolfa foram inspiradas na obra de Priolli (1985, p. 116) e desenhada por João Marcos de Souza Cabral Pucinho.*

Notas da 8ª central (mais usados):

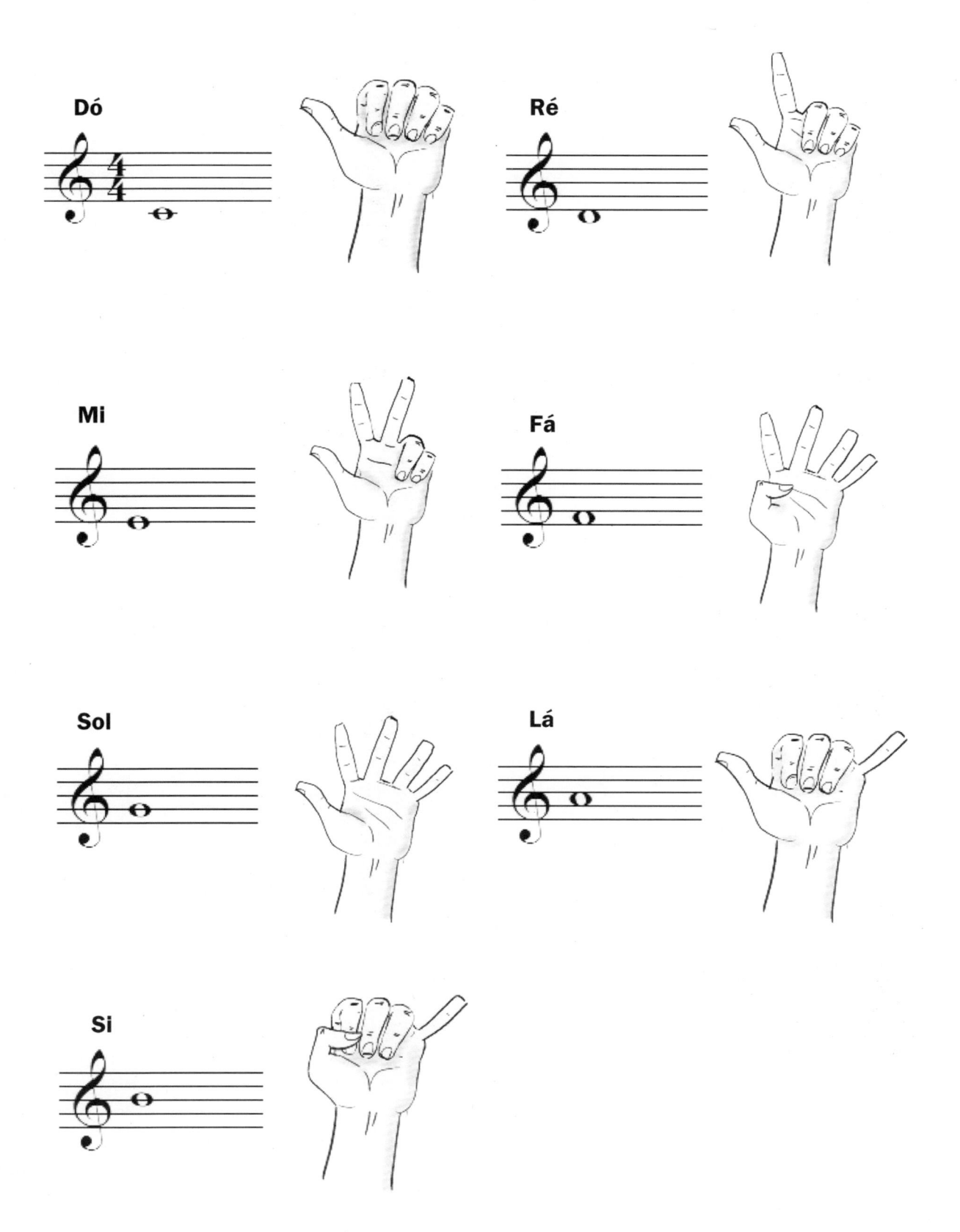

Figura 17B

Notas da 8ª aguda:

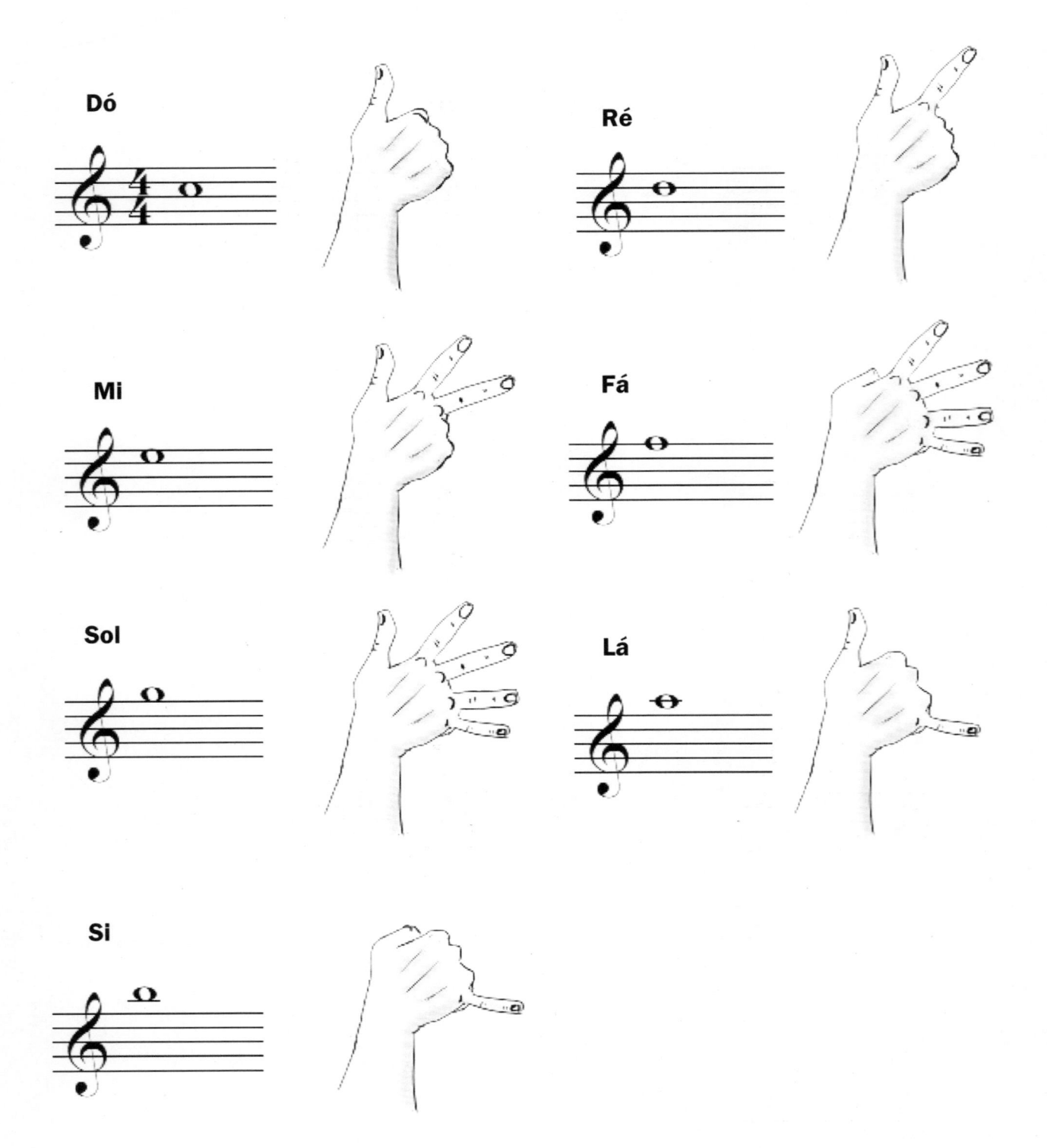

Dó

Ré

Mi

Fá

Sol

Lá

Si

Figura 17C

APÊNDICE I - FOTOS DAS GRAVAÇÕES NO ESTÚDIO

Gravação no Estúdio Hanoi *(Fotos ilustrativas de André Ricardo Amaral)*

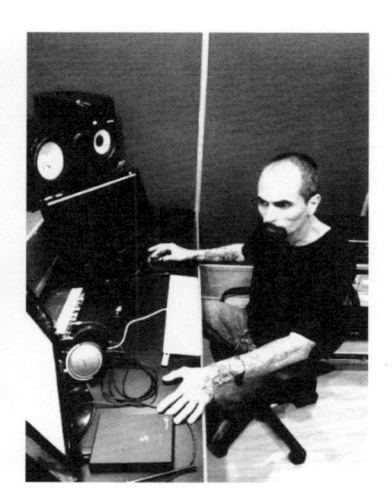

Gravação no Estúdio Radamés Gnátali (UNIRIO) *(Fotos ilustrativas de Thiago Bouckhorny)*

Gravação no Estúdio Radamés Gnátali (UNIRIO) *(Fotos ilustrativas de André Amaral)*

APÊNDICE II - PROGRAMAÇÃO DOS AUDIOS

Todas as músicas foram compostas e arranjadas por André Ricardo Amaral

CD
Bases/Voz
Bases/Flauta
Playbacks

Faixa 1 – Marcha Rancho	*voz*	**Faixa 16** – Ciranda	*voz*
Faixa 2 – Marcha Rancho	*flauta*	**Faixa 17** – Ciranda	*flauta*
Faixa 3 – Marcha Rancho	*playback*	**Faixa 18** – Ciranda	*playback*
Faixa 4 – Baião	*voz*	**Faixa 19** – Coco	*voz*
Faixa 5 – Baião	*flauta*	**Faixa 20** – Coco	*flauta*
Faixa 6 – Baião	*playback*	**Faixa 21** – Coco	*playback*
Faixa 7 – Samba bossa	*voz*	**Faixa 22** – Samba de roda	*voz*
Faixa 8 – Samba bossa	*flauta*	**Faixa 23** – Samba de roda	*flauta*
Faixa 9 – Samba bossa	*playback*	**Faixa 24** – Samba de roda	*playback*
Faixa 10 – Frevo	*voz*	**Faixa 25** – Embolada	*voz*
Faixa 11 – Frevo	*flauta*	**Faixa 26** – Embolada	*flauta*
Faixa 12 – Frevo	*playback*	**Faixa 27** – Embolada	*playback*
Faixa 13 – Afoxé	*voz*	**Faixa 28** – Choro	*voz*
Faixa 14 – Afoxé	*flauta*	**Faixa 29** – Choro	*flauta*
Faixa 15 – Afoxé	*playback*	**Faixa 30** – Choro	*playback*